T0144060

essentials

essentials liefern aktuelles Wissen in konzentrierter Form. Die Essenz dessen, worauf es als „State-of-the-Art" in der gegenwärtigen Fachdiskussion oder in der Praxis ankommt. *essentials* informieren schnell, unkompliziert und verständlich

- als Einführung in ein aktuelles Thema aus Ihrem Fachgebiet
- als Einstieg in ein für Sie noch unbekanntes Themenfeld
- als Einblick, um zum Thema mitreden zu können

Die Bücher in elektronischer und gedruckter Form bringen das Expertenwissen von Springer-Fachautoren kompakt zur Darstellung. Sie sind besonders für die Nutzung als eBook auf Tablet-PCs, eBook-Readern und Smartphones geeignet. *essentials:* Wissensbausteine aus den Wirtschafts-, Sozial- und Geisteswissenschaften, aus Technik und Naturwissenschaften sowie aus Medizin, Psychologie und Gesundheitsberufen. Von renommierten Autoren aller Springer-Verlagsmarken.

Weitere Bände in der Reihe http://www.springer.com/series/13088

Karin Meyer

Persönlichkeit und Selbststeuerung der Generation Z

Ein Leitfaden für Bildungsträger und die mittelständische Unternehmenspraxis

 Springer

Karin Meyer
Stuttgart/Calw
Deutschland

ISSN 2197-6708   ISSN 2197-6716 (electronic)
essentials
ISBN 978-3-658-32602-9   ISBN 978-3-658-32603-6 (eBook)
https://doi.org/10.1007/978-3-658-32603-6

Die Deutsche Nationalbibliothek verzeichnet diese Publikation in der Deutschen Nationalbibliografie; detaillierte bibliografische Daten sind im Internet über http://dnb.d-nb.de abrufbar.

Planung/Lektorat: Marion Krämer
Springer ist ein Imprint der eingetragenen Gesellschaft Springer Fachmedien Wiesbaden GmbH und ist ein Teil von Springer Nature.
Die Anschrift der Gesellschaft ist: Abraham-Lincoln-Str. 46, 65189 Wiesbaden, Germany

Was Sie in diesem *essential* finden können

- Grundlagen der Persönlichkeitsdiagnostik
- Grundlagen der Selbststeuerung (PSI-Theorie)
- Generation Z: Charakteristika, Stärken und Schwächen der Digital Natives 2.0
- Handlungsansätze für Bildungsträger
- Ableitungen für kleine und mittlere Unternehmen (KMU), insbesondere für Rekruiting, Personalentwicklung und Führung

Vorwort

Das Verhältnis der Generationen wurde vom Pädagogen Klaus Mollenhauer als ein allgemeines pädagogisches Problem angesehen, dessen Konfliktmöglichkeiten eng verbunden sind mit Institutionen wie der Schule und ihren starren Gruppierungen (Mollenhauer 1964, S. 30). Etwa 50 Jahre später wird das Generationenverhältnis kaum mehr mit Konflikten und Problemen konnotiert. Doch weiterhin gibt es Settings, in denen wie von Mollenhauer beschrieben die Ansprüche einer jungen Generation unvermittelt mit der Welt der Erwachsenen aufeinandertreffen (Mollenhauer 1964, S. 30) – wobei in der inzwischen stark sozial und demografisch veränderten Welt diese Ansprüche mehr und mehr Gehör finden, auch und gerade in diesen ehemals so konflikt- und problemträchtigen Institutionen. Unter anderem weil die jüngere Generation mit ihren zukünftigen Fachkräften als kostbares Gut angesehen wird, wird versucht, sich auf sie einzustellen – was aber nur möglich ist, wenn man diese kennt.

Doch wie lässt sich der Anspruch der jungen Generation beschreiben? Karin Meyer hat sich in dieser Publikation der sogenannten Generation Z, den Digital Natives, mit einer Analyse der „Big Five" Persönlichkeitsmerkmale kombiniert mit den Faktoren Leistungsmotivation, Unabhängigkeitsstreben und Belastbarkeit angenähert – zudem wird auf Selbststeuerung und Handlungsorientierung eingegangen. Im ersten Schritt werden so Charakteristika der Digital Natives 2.0 herausgearbeitet. Unter anderem können gemäß dieser Untersuchung Mitglieder der „Generation Z" als vergleichsweise wenig gewissenhaft, dafür aber mit einem hohen Selbstgespür ausgestattet beschrieben werden. Genderabhängige Unterschiede zeigen sich zum Beispiel bei der Leistungsmotivation und Zielorientierung.

An diese Beschreibung anschließend werden Handlungsansätze für Bildungsträger und Unternehmen aufgezeigt, mit denen zu einer bestmöglichen Passung
der Ansprüche der „Generation Z" und der Welt älterer Generationen beigetra-
gen werden soll. So werden Wege gefunden, mögliche Generationenunterschiede
nicht mit Blick auf ihre Konfliktmöglichkeiten, sondern auf Erfolgsfaktoren hin
zu thematisieren – und dies konkret und am aktuellen Beispiel.

Mag auch die erste Motivation für die Beschäftigung mit den Ansprüchen
der „Generation Z" eine pragmatische und auf unternehmerische Überlegungen
fußende sein – die damit angestrebte Verbesserung des Verhältnisses zwischen
den Generationen ist auch aus vielen anderen Perspektiven erstrebenswert. In diesem Sinne ist dieser Publikation eine breite Leserschaft zu wünschen, die mit den
gewonnenen Denkanstößen weiter zum Verständnis zwischen den Generationen
beiträgt.

Christiane Nakao
Professorin im Fachgebiet Sozialwissenschaften
an der IUBH Internationale Hochschule
IUBH Internationale Hochschule, Stuttgart, Deutschland

Inhaltsverzeichnis

Über die Autorin

Karin Meyer ist Professorin und staatlich anerkannte Lehrkraft (Sek. II) für Betriebswirtschaftslehre sowie selbstständige Beraterin/Trainerin und Dozentin. Zu ihren Forschungsinteressen zählt neben dem Entrepreneurship auch die mittelständische Unternehmenspraxis – ebenso aktuelle Führungs- und Bildungsthemen.

Einleitung 1

Generation Z tickt anders! (vgl. Scholz, 2014). Doch wer ist Generation Z? Und wie tickt sie genau bzw. in welche Richtung verändert sie die Arbeitswelt? In diesem Essential wird die Frage beantwortet, über welche Stärken und Schwächen die junge Generation aufgrund ihrer Persönlichkeit und Selbststeuerungskompetenzen verfügt und welche Ableitungen sich hieraus insbesondere für kleine und mittlere Unternehmen, Ausbilder/Personalentwickler und Bildungsträger ergeben – gilt es doch, die Erwartungen und Herausforderungen der Digital Natives als zukünftige Mitarbeiter bzw. Lernende zu verstehen, um entsprechend angemessen darauf reagieren zu können.

Generation Z (Gen Z) präferiert es unabhängig zu arbeiten, legt einen hohen Wert auf Individualität und stellt damit konventionelle Arbeits- und Arbeitsplatzkonzepte infrage (vgl. Miller, 2018, S. 53 und 55). Dabei umfasst die Generation Z je nach Definition meist die Geburtenjahrgänge von 1996 bis 2009 (ebenda, S. 53) bzw. 1997 bis 2013 (vgl. Schroth, 2019, S. 5) und ergänzt die Verhaltensmerkmale der vorhergehenden Generation Y (Gen Y oder auch Millennials genannt) um weitere Charakteristika (Schroth, 2019, S. 5). Im Vergleich zu anderen Generationen ist sie als erste Generation in einem vollständig digital vernetzten und technologieorientierten Umfeld groß geworden. Aus diesem Grund gehören Digitalisierung und sowie Online-Kommunikation zu ihrem Leben einfach dazu (vgl. Hesse et al., 2019, S. 72 und 77; Stillmann & Stillmann, 2017, S. 73). Miller beschreibt die Generation zudem als finanz-affin und unternehmerisch, die über ein Bewusstsein für technologiegetriebene Geschäftsideen und -konzepte verfügt (vgl. 2018, S. 53 f.). Gleichzeitig gehört sie zu den Generationen, die über die höchste Zahl diagnostizierter Depressionen und Angstzustände verfügt – und das, obwohl sie in einem Umfeld aufgewachsen ist, das von ökonomischem Wohlstand

und sozialer Sicherheit geprägt ist (vgl. Schroth, 2019, S. 5 f. und 10; Hurrelmann, 2019, S. 18; Maas, 2019, S. 22). Nach Panwar und Mehta ist für die junge
Generation von großer Bedeutung, Stressbelastungen standhalten zu können – vor
allem, wenn es um die Entwicklung führungsrelevanter Kompetenzen geht (vgl.
2018, S. 67). Nach Kuhl prägen Selbststeuerungskompetenzen die persönliche
Leistungsfähigkeit sowie das Wohlbefinden einer Person auch in komplexen bzw.
belastenden Situationen (vgl. Kuhl & Alsleben, 2009, S. 39; Martens & Kuhl,
2013, S. 82 f.). Schroth weist darauf hin, dass die junge Generation aufgrund der
großen Umsorgtheit von Helikopter-Eltern nicht gelernt hat, erfolgreich ein eigen-
ständiges Leben zu führen und damit wesentliche Grundfertigkeiten fehlen (vgl.
2019, S. 10). Auch Scholz, Hurrelmann, Maas sowie Stillmann und Stillmann
weisen auf ein „Rund-um-Sorglospaket" der Eltern hin, bei dem von Abnabeln
nicht die Rede ist (vgl. Scholz, 2014, S. 48; Hurrelmann, 2019, S. 18; Maas,
2019, S. 32; Stillmann & Stillmann, 2017, S. 41 f.).

Zunächst erfolgt ein kurzer Überblick über die Eigenschaften der Generation
Z. Auf Basis einer ersten genderabhängigen Auswertung zur weiblichen jun-
gen Generation mit Bezug zum Unternehmertum (vgl. Meyer, 2020) schließen
sich weitere genderunabhängige Forschungsergebnisse der explorativen Studie im
Bereich der Persönlichkeit und Selbststeuerung sowie die Ableitung möglicher
Handlungsempfehlungen an.

Die Generation Z als digitalisierungsaffiner Nachwuchs und Zukunftsgestalter

2

Hesse et al. bezeichnen die junge Generation Z als „Digital Natives", also als „digitale Eingeborene", die bereit sind, den Arbeitsmarkt grundlegend zu verändern (vgl. 2019, S. 71). Im Gegensatz zu ihrer Vorgängergeneration ist die digitale Welt für sie selbstverständlich, sodass ihr an dieser Stelle keine Pionierrolle mehr zukommt (vgl. Hurrelmann, 2019, S. 15). Maas bezeichnet sie daher auch als „Digital Natives 2.0." (vgl. 2019, S. 36). Ihre Kommunikation findet überwiegend online statt und ersetzt den persönlichen Kontakt (vgl. Hesse et al., 2019, S. 72; Stillmann & Stillmann, 2017, S. 72). Laut Hurrelmann verfügt Generation Z über eine „digital durchwirkte" Persönlichkeit (vgl. 2019, S. 15). Auch Scholz sowie Stillmann und Stillmann führen an, dass eine große Chance der jungen Generation im Umgang mit Technologien liegt (vgl. Scholz, 2014, S. 103; Stillmann & Stillmann, 2017, S. 73). Immer online, ist die Generation Z optimal ausgerichtet auf eine digitale Zukunft (vgl. Scholz, 2014, S. 103 und 106). Die Vertreter der Generation Z gelten als optimistisch, gut gebildet und technologisch auf dem aktuellsten Stand – Eigenschaften und Fähigkeiten, die sie in die Arbeitswelt einbringen, auch wenn es darum geht, der demografischen Lücke entgegenzuwirken. Dafür verlangen sie jedoch Flexibilität und Freiheit (vgl. Scholz & Grotefend, 2019a, S. 1; Hurrelmann, 2019, S. 15). Daher gilt es, sich konstruktiv mit ihren Eigenschaften auseinanderzusetzen (vgl. Scholz & Grotefend, 2019a, S. 8) – auch wenn Gen Z von anderen als eine Generation gesehen wird, die einen hohen Wert auf Freizeit legt, der Qualifikationen nicht so wichtig sind und die sich eher unmotiviert präsentiert (vgl. ebenda, S. 1; Maas, 2019, S. 24). Damit stehen ihre Wünsche und Bedürfnisse oftmals im Gegensatz zu den Anforderungen der Wirtschaft, die sich eher karriereorientierte und vollkommen einsatzbereite Mitarbeiter wünscht, die in einem zunehmenden Wettbewerb bestehen können (vgl. Scholz & Grotefend, 2019b, S. 187 und 190).

© Der/die Autor(en), exklusiv lizenziert durch Springer Fachmedien Wiesbaden GmbH, ein Teil von Springer Nature 2020
K. Meyer, *Persönlichkeit und Selbststeuerung der Generation Z*, essentials,
https://doi.org/10.1007/978-3-658-32603-6_2

2.1   Einordnung, Abgrenzung und volkswirtschaftliche Bedeutung für Deutschland

Bezüglich der einheitlichen Festlegung von Geburtenjahrgängen gibt es bei der Definition der Generation Z international keine Einigkeit (vgl. Tab. 2.1). Hurrelmann weist darauf hin, dass die Übergänge zwischen den Generationen fließend sind und sich lediglich eine grobe Orientierung ableiten lässt (vgl. 2019, S. 13). Scholz und Grotefend weisen ebenso darauf hin, dass es sich bei Generation Z um ein Wertekonzept handelt, das sich nicht nur an Geburtenjahrgängen festmachen lässt (in Anlehnung an: 2019b, S. 189) – auch, dass Generationen grundsätzlich einer breiteren Streuung bzw. Intragenerationsvarianz unterliegen können (Scholz, 2014, S. 18).

Im Rahmen dieser Studie wurde mit Schülerinnen und Schülern einer beruflichen Schule im Alter von 16 bis 24 Jahren gearbeitet. Damit umfasst die Analyse Geburtenjahrgänge von 1996 bis 2004 und bleibt im Rahmen auch enger gefasster Definitionen.

Tab. 2.1   Ausgewählte Definitionen der Generation Z

Forscher	Land	Definition/Geburtenjahrgänge der Gen Z	Bevölkerungszahl in Deutschland nach Definitionen (absolut)	Anteil der Gen Z in Deutschland nach Definitionen (in %)
Stillmann & Stillmann (2017)	USA	1995–2012	ca. 14,3 Mio*	ca. 17,2 %*
Miller (2018)	USA	1996–2009	ca. 11,2 Mio*	ca. 13,5 %*
Schroth (2019)	USA	1997–2013	ca. 13,2 Mio*	ca. 15,9 %*
Scholz (2014)/Scholz & Grotefend (2019)	Deutschland	Anfang 1990er/1995–2010		
Hesse et al. (2019)	Deutschland	ab 1995		
Hurrelmann (2019)	Deutschland	ab 2000	ca. 12 Mio**	ca. 15 %**

Quelle: Eigene Darstellung/*eigene Kalkulation. Bevölkerungszahlen zum 31.12.2018, statista, 2020a; **vgl. Hurrelmann, 2019, S. 14

Bezogen auf eine Bevölkerungszahl von etwa 83 Mio. Menschen, gehören je nach Definition mindestens 13,5 % der deutschen Bevölkerung der Generation Z an. Damit entfallen rund 11 Mio. (potenzielle) Arbeitnehmer und Käufer auf diese junge Generation, weshalb sie nicht vernachlässigt werden kann (vgl. Tab. 2.1). Betrachtet man weiterhin die Überalterung der deutschen Gesellschaft sowie die aktuelle Zahl der Erwerbstätigen per Ende Februar 2020 von rund 45 Mio. Personen nimmt ihr Gewicht für den Arbeitsmarkt nochmals deutlich zu (vgl. statista, 2020b).

2.2 Wesentliche Charakteristika, Werte und Grundbedürfnisse

Im Wesentlichen lassen sich Wünsche, Antrieb und Bedürfnisse der Generation Z wie folgt zusammenfassen. Dabei gilt es, die spezifischen Charakteristika der Generation Z zu verstehen und nicht mit anderen Generationen zu verwechseln (vgl. Scholz und Grotefend, 2019b, S. 189). Denn letztlich können die Ideen und Vorstellungen der jungen Generation auch zu einem Wettbewerbsvorteil führen (vgl. ebenda, S. 190). Wesentliche Züge der jungen Generation sind nachfolgend dargestellt (siehe Tab. 2.2).

Die Generation Z wünscht sich eine schnelle Kommunikation und Informationsübermittlung – und somit eine Rückmeldung oder Bestätigung (vgl. Eilers, 2019, S. 74 f.; Scholz, 2014, S. 117). Motiviert sind die Digital Natives immer dann, wenn ihnen genügend Freiheiten zugestanden werden und sie Arbeitszeit und -ort selbst definieren können (vgl. Scholz, 2014, S. 118). Ihren Arbeitgebern spiegeln sie ihre innere Einstellung mit einer deutlichen geringeren Loyalität: Auch bei geringfügigen Diskrepanzen werden Arbeitsverhältnisse relativ kurzfristig gelöst (vgl. ebenda, S. 136; Rembser, 2019, S. 82). Generation Z möchte es sich gut gehen lassen. Dabei sieht sie sich allerdings nicht dafür verantwortlich, die passende Atmosphäre zu erschaffen oder selbst zu gestalten – vielmehr fordert sie diese bedingungslos von anderen ein (vgl. Scholz, 2014, S. 143; Maas, 2019, S. 26, Scholz & Grotefend, 2019b, S. 190). Offen ist zum derzeitigen Zeitpunkt, in wie weit sich die Generation Z ihre Werte über die Zeit hinweg bewahrt (vgl. Scholz & Grotefend, 2019b, S. 189).

Tab. 2.2 Logische Ebenen nach Dilts: Werte und Identität der Generation Z

Ebenen	Ausprägungen Generation Z
Sinn	• Erfüllung, Sinn, Spaß an der Arbeit
Identität	• Gesundheit und Nachhaltigkeit
Werte/Normen	• Übereinstimmung von Tätigkeit und Persönlichkeit
	• Familie und Freunde
	• Ökonomische Werte (hohes Einkommen)
	• Gutes Image des Arbeitgebers
	• Feedback und Anerkennung
	• Separation von Berufs- und Privatleben bei gleichzeitiger Vereinbarkeit
	• Wunsch nach geregelten Arbeitszeiten und freien Wochenenden
	• Freiheit und Flexibilität
	• Hobbies
Fähigkeiten, Kenntnisse	
Verhaltensweisen	
Umwelt/Umgebung	

Quelle: vgl. Kammermeier, 2011, S. 2; Böhm, 2016, S. 8; Eilers, 2019, S. 100 ff.; Scholz & Grotefend, 2019a, S. 1 und 337; Scholz & Grotefend, 2019b, S. 188 f.; Hurrelmann, 2019, S. 18 f.; Rembser, 2019, S. 75 ff

Ausgewählte Konzepte und Instrumente der Eigenschafts- und Verhaltensdiagnostik

3

Besonders aus der Messung von Eigenschaften der Persönlichkeit sowie der Handlungsfähigkeit (siehe Tab. 3.1) können wichtige Rückschlüsse auf die Handlungskompetenz einer Person abgeleitet werden. Damit eignen sich diese als Kompetenz- bzw. Handlungskompetenzmessverfahren (vgl. Erpenbeck & von Rosenstiel, 2007, S. XXXVII).

Dabei können die subjektzentrierten Persönlichkeitsmerkmale im Rahmen der Eigenschaftsdiagnostik durch das renommierte und in der Wissenschaft anerkannte Big Five (Fünf-Faktoren-Modell) erhoben und gezielt um weitere relevante Persönlichkeitsskalen ergänzt werden (vgl. Gerrig & Zimbardo, 2008, S. 508; Caliendo et al., 2014, S. 788 und 790; Rauch & Frese, 2007, S. 357). Weiterhin lassen sich die validierten Instrumente der Osnabrücker Persönlichkeitsdiagnostik zur Verhaltensdiagnostik und Messung der Selbststeuerung als emotionale Zweitreaktion (SSI-K3) (vgl. Kuhl & Fuhrmann, 2004) sowie der Handlungsorientierung (HAKEMP-90) (Kuhl, 1994) heranziehen – und damit Aussagen treffen, in wie weit die junge Generation in der Lage ist, sich ihre (Handlungs-)Kompetenzen auch in Stress- und Frustrationssituationen zu erhalten.

3.1 Auswahl des BFI-K als Messinstrument der Big Five

Costa und McCrae (1985) vervollständigten die auf den Dimensionen Extraversion (E) und Neurotizismus (N) beruhende Theorie von Eysenck (1970/1990) und ergänzten die zusätzlichen Faktoren Gewissenhaftigkeit (G), Verträglichkeit (V) und Offenheit für Erfahrungen (O) (vgl. Amelang & Bartussek, 2001, S. 368 und 372; Raab et al., 2016, S. 173). Die sich ergebenden Persönlichkeitsdimensionen

© Der/die Autor(en), exklusiv lizenziert durch Springer Fachmedien Wiesbaden GmbH, ein Teil von Springer Nature 2020
K. Meyer, *Persönlichkeit und Selbststeuerung der Generation Z*, essentials, https://doi.org/10.1007/978-3-658-32603-6_3

Tab. 3.1 Dimensionen der Eigenschafts- und Verhaltensdiagnostik

	Eigenschaftsdiagnostik/subjektzentrierter Fokus	Verhaltensdiagnostik/handlungszentrierter Fokus
Anforderungsorientierte Handlungs- und Tätigkeitssituationen	Variablen, Merkmale, Eigenschaften (mit Auswirkung auf das Verhalten)	Fertigkeiten, Qualifikationen, Fähigkeiten (als Basis für die Handlungskompetenz)
Selbstorganisative Handlungs- und Tätigkeits-situationen		Handlungskompetenz

Quelle: vgl. Erpenbeck & von Rosenstiel, 2007, S. XXXVII; Meyer, 2019, S. 26

können je nach positiver bzw. negativer Ladung bipolar abgebildet werden (vgl. Zimbardo & Gerrig, 2008, S. 509; siehe Tab. 3.2). Das Fünf-Faktoren-Modell (FFM) gilt als eines der dominierenden Referenzsysteme für die globale Analyse von Persönlichkeitsmerkmalen (vgl. Brandstätter, 2011, S. 223). Kritikpunkte bestehen in einer nicht ausreichenden Abbildung der Vielfältigkeit und Komplexität von Persönlichkeitsfacetten (vgl. Caliendo et al.,

Tab. 3.2 Merkmalsbereiche des Fünf-Faktoren-Modells

	Negative Ladung	Positive Ladung
I Neurotizismus (N)		
Empfindsamkeit, Reizbarkeit, Interpretation, Erholungszeit, Zurückhaltung	Ausgeglichen, robust, ruhig, beständig, unempfindlich, emotional stabil, locker, sorglos selbstsicher, entspannt, zufrieden	Ängstlich, verlegen, leicht verärgert, deprimiert, besorgt, unsicher, nervös, erregbar, selbstzweiflerisch, wehleidig, empfindlich angespannt, launisch, unruhig, verletzlich
II Extraversion (E)		
Enthusiasmus, Kontaktfähigkeit, Geselligkeit, Führungsimpuls, Direktheit	Introvertiert, schüchtern, still, reserviert, distanziert, scheu, zurückhaltend, unzugänglich, ruhig, zurückgezogen	Gesprächig, gesellig, bestimmt, dominant, impulsiv, witzig, kontaktfreudig, herzlich, personenorientiert, spontan, offen, sozial, energiegeladen
III Offenheit für Erfahrung (O)		
Einfallsreichtum, Komplexität, Veränderung, Eigenständigkeit	Praktisch, traditionell, sachlich, nüchtern, pragmatisch, unflexibel, konservativ, gewöhnlich, einfach, unaufgeschlossen	Einfallsreich, originell, vielseitig, intellektuell, aktiv, neugierig, aufgeschlossen, geistreich, interessiert, wissbegierig, weise, gescheit, kultiviert
IV Verträglichkeit (V)		
Konfliktbereitschaft, Vertrauen, Altruismus, Takt	Stolz, skeptisch, starrköpfig, angeberisch, rüde, unaufrichtig, kalt, arrogant, selbstgefällig, streitsüchtig, undankbar, unfreundlich, grausam	Freundlich, flexibel, hilfsbereit, vertrauensvoll, kooperativ, tolerant, versöhnlich, sanft, warmherzig, friedfertig, offenherzig, entgegenkommend

(Fortsetzung)

Tab. 3.2 (Fortsetzung)

	Negative Ladung	Positive Ladung
V Gewissenhaftigkeit (G)		
Perfektionismus, Organisation, innerer Antrieb, Konzentration, methodisches Arbeiten	Nachlässig, flatterhaft, unpünktlich, ziellos, leichtfertig, schlampig, sprunghaft, ehrgeizlos, faul, chaotisch, inkonsequent, unorganisiert	Verlässlich, praktisch, verantwortungsbewusst, planvoll, leistungsorientiert, ausdauernd, systematisch, selbstdiszipliniert, effizient, überlegt

Quelle: vgl. Borkenau & Ostendorf, 2008, S. 7 und 40–41; Zimbardo & Gerrig, 2008, S. 509; Amelang und Bartussek, 2001, S. 371; Meyer, 2019, S. 38

2014, S. 790; Rauch & Frese, 2007, S. 357), was für eine zielgerichtete bzw. schrittweise Ergänzung weiterer relevanter Skalen spricht – und einen Ansatz darstellt, der in der Forschung bereits Anwendung findet (vgl. Caliendo et al. 2014, S. 788 und 790; Zhao & Seibert, 2006, S. 259; Leutner et al., 2014, S. 59; Borkenau & Ostendorf, 2008, S. 10). Daher liegt der Fokus des Big Five-Modells primär auf der Abbildung wesentlicher Dimensionsunterschiede von Populationen und der Erfassung von Bandbreiten (vgl. John & Srivastava, 1999, S. 102; Zimbardo & Gerrig, 2008, S. 509), wobei es unter Psychologen umfassende Diskussionen zu den möglichen Forschungsansätzen gibt (vgl. Caliendo et al., 2014, S. 790).

Aufgrund seiner zeitlichen Ökonomie und psychometrischen Güte bietet sich für mehrstufige bzw. instrumentenübergreifende Erhebungen besonders das BFI-K (Kurzversion des Big Five Inventories) mit insgesamt 21 Fragen und einer Erhebungsdauer von ca. 2 min an, da es die Untersuchungszeit für Probanden optimiert (vgl. Kovaleva et al., 2013, S. 34 ff.). Gleichzeitig erfüllt das Instrument dennoch die von Aiken und Groth-Marnath (2006) empfohlene Grenze für Retest-Koeffizienten bei Gruppenuntersuchungen von ca. 0.60 und wurde insgesamt mit einer ausreichenden Reliabilität eingestuft (vgl. Kovaleva, et al., 2013, S. 42; Wartberg et al., 2016, S. 314). Ausgewählte Beispiel-Items des öffentlich zugänglichen Fragebogens (inkl. Auswertungsschlüssel) sind nachfolgend abgebildet (vgl. Rammstedt und John, 2005, S. 206; siehe Tab. 3.3).

Tab. 3.3 Ausgewählte Beispiel-Items des Big Five Inventory (BFI-K, Form S) Inwieweit treffen die folgenden Aussagen auf Sie persönlich zu? Wählen Sie dazu bitte die entsprechende Kategorie und kreuzen Sie sie rechts neben der jeweiligen Aussage an

Item/Antwortoption	Trifft überhaupt nicht zu	Trifft eher nicht zu	Weder noch	Eher zutreffend	Trifft voll und ganz zu
Ich bin eher zurückhaltend, reserviert. (R)	()	()	()	()	()
Ich neige dazu, andere zu kritisieren. (R)	()	()	()	()	()
Ich erledige Aufgaben gründlich.	()	()	()	()	()

Quelle: vgl. Rammstedt & John, 2005, S. 206; Meyer, 2019, S. 117 f. /(R) = umgepoltes Item.

3.2 Leistungsmotivation, Unabhängigkeitsstreben und Belastbarkeit sowie deren Messbarkeit

Ausgehend von der finanz-affinen und unternehmerischen Beschreibung der jungen Generation (vgl. Miller, 2018, S. 53 f.) bietet sich eine Erweiterung des Big Five-Modells um die unternehmerisch relevanten Skalen der Leistungsmotivation (need of achievement), des Unabhängigkeitsstrebens (need of independance) und der Belastbarkeit an (vgl. Müller, 2014).

Zur Erhebung der unternehmerischen Eignung eignet sich der Fragebogen zur Diagnose unternehmerischer Potenziale (F-DUP^N) im Forced-Choice-Format, der Probanden bewusst die jeweils zutreffendste Antwortalternative abverlangt und auf dem Fragenbogen von King (1985) basiert (vgl. Müller, 2014, S. 3 f., siehe Tab. 3.4).

Einsatzbereiche des Fragebogens liegen im Profiling, der Stärken- und Schwächendiagnose und der Beratung bzw. im Coaching von Personen, die entweder bereits selbstständig sind oder künftig unternehmerische Aufgaben übernehmen sollen bzw. wollen (vgl. Müller, 2014, S. 38 f.). In seiner Vollversion umfasst der F-DUP^N zehn Testmerkmale, deren Differenzbarkeit als empirisch belegt gilt (vgl. ebenda, S. 6). Mit Blick auf die zu erhebenden Skalen liegt die Retest-Reliabilität auch hier durchgängig über der von Aiken und Groth-Marnat (2006) empfohlenen Grenze für Gruppentestungen (vgl. Müller, 2014, S. 35).

Tab. 3.4 Ausgewähltes Beispiel-Item des Fragebogens zur Diagnostik unternehmerischer Potenziale

Merkmal	Leistungsmotivstärke
„Ich gehe lieber einer Arbeit nach, bei der	a) kooperative Aufgaben und gemeinsame Herausforderungen im Vordergrund stehen
	b) individuelle Aufgaben und persönliche Herausforderungen im Vordergrund stehen."

Quelle: vgl. Müller, 2017; Meyer, 2019, S. 119

3.3   Selbststeuerung und Handlungsorientierung als erlernbare Zweitreaktion

Das auf der PSI-Theorie basierende Konstrukt der Selbststeuerung beschreibt das bewusste Handeln aus eigener Verantwortung – also die Fähigkeit, zur Persönlichkeit passende Ziele zu setzen sowie die dazu gehörigen Entscheidungen zu treffen. Sie beinhaltet ebenfalls, ein Verfolgen dieser Ziele auch über Hindernisse hinweg (vgl. Fröhlich & Kuhl, 2003, S. 222; Kuhl, 2001, S. 695 ff.). Nach Kuhl basiert die Erstreaktion eines Menschen auf dessen zeit- und situationsstabilen Persönlichkeitsmerkmalen. Die Zweitreaktion hingegen zählt zu den erlernbaren Selbststeuerungskompetenzen, welche die individuelle Leistungsfähigkeit auch in komplexen Situationen sowie das Wohlbefinden einer Person bestimmen. Damit kann auch eine ungünstige Erstreaktion überbrückt und eine zielführend Zweitreaktion erlernt werden (vgl. Kuhl & Alsleben, 2009, S. 39; Martens & Kuhl, 2013, S. 82.). Basis-Annahme ist, dass eine Aktivierung der vier psychischen Erkenntnissysteme über positiven bzw. negativen Affekt erfolgt.

Intentionsgedächtnis (IG)/Intuitive Verhaltenssteuerung (IVS).
Das Intentionsgedächtnis ist dabei für die Verarbeitung von Plänen und Absichten erforderlich. Es wird aktiviert, wenn komplexe Aufgaben nicht sofort umgesetzt werden können und Planung voraussetzen. Damit einhergeht eine Hemmung des intuitiven Handelns, damit die geplanten Handlungen nicht unüberlegt (intuitiv) ausgeführt werden. Um eine Handlungsausführung zu ermöglichen, kann entweder selbst- oder fremdmotiviert zum richtigen Zeitpunkt aufgehoben werden, damit eine Handlungsausführung möglich wird – alternativ sind Ziele und Absichten nicht zu erreichen bzw. umzusetzen (vgl. Kuhl & Strehlau, 2014, S. 4).

Extensionsgedächtnis (EG)/Objekterkennungssystem (OES).
Das Extensionsgedächtnis beschreibt den Speicher sämtlicher Erfahrungen, Werte, Emotionen und Bedürfnisse (Selbst) und ist analytisch nicht in vollem Umfang zugänglich. Als Erfahrungsnetzwerk wird es für kreatives und ganzheitliches Denken und komplexes Entscheiden gebraucht – ebenso für die Verarbeitung negativer Gefühle (vgl. Kuhl & Strehlau, 2014, S. 8). Das Objekterkennungssystem hingegen erlaubt ein bewusstes Fokussieren einzelner Erfahrungen und Details sowie eine Sensibilisierung für Widersprüchliches. Aktiviert wird es durch negativen Affekt. Für das Extensionsgedächtnis ist es von elementarer Bedeutung, um diesem neue Lernerfahrungen hinzuzufügen (vgl. Kuhl & Strehlau, 2014, S. 8 ff.).

Die PSI-Theorie geht davon aus, dass die vier dargestellten Makro- oder Erkenntnissysteme im Austausch miteinander stehen (vgl. Kuhl & Strehlau, 2014, S. 3). Kuhl formuliert dazu zwei wesentliche Modulationsannahmen:

1. **Willensbahnung:** Interaktion zwischen Intentionsgedächtnis und Intuitiver Verhaltenssteuerung. Positiver Affekt stellt bei schwierigen Absichten und Plänen die Verbindung zwischen Intentionsgedächtnis (Absichtsgedächtnis) und der Intuitiven Verhaltenssteuerung her. Gleichzeitig können (zu) schwierige Aufgaben zu Frust und Entmutigung führen, was konträr zu einer Umsetzung des geplanten Verhaltens wirkt. Damit das Ziel nicht vergessen wird und weiterverfolgt werden kann, wird es im Intentionsgedächtnis abgelegt (vgl. Kuhl, 2010, S. 436; Kuhl & Strehlau, 2014, S. 10).

2. **Selbstentwicklung/Selbstbahnung:** Interaktion zwischen Extentionsgedächtnis und Objekterkennungssystem. Negative Emotionen aktivieren die Detailerkennung und damit die Wahrnehmung von Unstimmigkeiten oder Fehlern. Erst bei einem Herabregulieren des negativen Affekts wird wieder ein Zugang zum Extensionsgedächtnis und damit zum kreativen und ganzheitlichen Denken möglich (vgl. Kuhl, 2010, S. 436; Kuhl & Strehlau, 2014, S. 11).

Innerhalb der Selbststeuerung kann zwischen Selbstregulation und Selbstkontrolle unterschieden werden. Dabei stellt die Selbstregulation eine Art „innere Demokratie" dar, die möglichst selbstkongruente Wünsche und Ziele verfolgt. Die Selbstkontrolle nimmt demgegenüber „diktatorische" Züge an und schützt bei der Zielverfolgung vor Ablenkungen (vgl. Kuhl, 2010, S. 399 ff.; Kuhl & Alsleben, 2009, S. 40 f.). Die Kunst liegt in der richtigen Dosierung von selbstregulierenden und -kontrollierenden Maßnahmen, wobei in Stress- und Belastungssituationen Funktionen der Selbstregulation abgeschwächt oder sogar abhandenkommen können (vgl. Martens & Kuhl, 2013, S. 74 f.; Fröhlich & Kuhl, 2003, S. 226).

Tab. 3.5 Mikro- und Makrokomponenten der Selbststeuerung

Selbstregulation	Selbstkontrolle
• Selbstbestimmung, Freiheitserleben • Positive Selbstmotivierung • Belastungsabhängige Selbstberuhigung	• Planungsfähigkeit • Ängstliche Selbstmotivierung (umgepolt: angstfreie Zielorientierung)
Selbsthemmung bei Bedrohung	**Willenshemmung bei Belastung**
• Misserfolgsorientierung (umgepolt: Misserfolgsbewältigung) • Introjektionsneigung/Konformität (Entfremdung, umgepolt: Selbstgespür) als wesentliche Voraussetzung für das Verfolgen eigener Ziele • Fragmentierung (umgepolt: Integration)	• Initiative • Nichtumsetzung von Vorsätzen (umgepolt: Absichten umsetzen) • Konzentrationsschwäche/Intrusion (umgepolt: Konzentrationsstärke)
Allgemeine Stressbelastung	
• Belastung • Bedrohung	

Quelle: vgl. Fröhlich & Kuhl, 2003, S. 237 f.; Kuhl, 2001, S. 702; Kuhl & Fuhrmann, 2004; Kuhl & Alsleben, 2009, S. 40 ff.; Meyer 2019, S. 76

Dabei umfasst die Selbststeuerung nachfolgend dargestellte Komponenten (siehe Tab. 3.5).

In seiner Kurzfassung umfasst das Selbststeuerungsinventar (SSI-K3) 13 Skalen mit insgesamt
52 Items. Erhoben wird das SSI auf einer vierstufigen Likert-Skala. Dabei umfasst die Erhebung jeweils vier Items pro Skala mit dem Ziel, die emotionale und kognitive Erstreaktion abzubilden (vgl. Kuhl & Fuhrmann, 2004; Kuhl und Alsleben, 2009, S. 39). Nachfolgend werden ausgewählte Beispiel-Items dargestellt (siehe Tab. 3.6). Die Urheberrechte für den vollständigen Fragebogen liegen der bei Impart GmbH (Spin-off der Universität Osnabrück).

Der HAKEMP-90-Fragebogen ergänzt das SSI gezielt um die Handlungs- und Lageorientierung von Individuen, um die Skalen Belastung und Bedrohung nochmals konkreter zu evaluieren und Aussagen darüber zu ermöglichen, ob die Personen trotz Negativ-Stimmung und/oder Misserfolgen weiterhin über eine entsprechende Entscheidungs- und Handlungskompetenz verfügen oder diese Fähigkeiten unter Stress- und Frustrationsbedingungen verlieren. Dabei erstreckt sich der Fragebogen über insgesamt 24 Items mit einer Gleichverteilung auf die beiden Skalen Handlungsorientierung bei Handlungsplanung sowie Handlungsorientierung nach Misserfolg (vgl. Kuhl & Kazén, 2003, S. 202). Nachfolgende

Tab. 3.6 Ausgewählte Beispiel-Items des SSI-K3

Skala	Beispiel-Items
Selbstgespür:	„Wenn ich traurig bin, verliere ich das Gespür für das, was ich wirklich will."
Integration:	„Mein Verhalten erscheint oft widersprüchlich, weil immer wieder eine andere Seite von mir hervortritt."
Bedrohung:	„Beruf bzw. Ausbildung sind zurzeit sehr belastend für mich."
Belastung:	„In meinem Leben hat sich vieles verändert, mit dem ich klarkommen muss."

Quelle: vgl. Kuhl & Fuhrmann, 2004; Meyer, 2019, S. 121

Tab. 3.7 Ausgewählte Beispiel-Items des HAKEMP-90

HOM – Handlungsorientierung nach Misserfolgen	„Wenn ich etwas Wertvolles verloren habe und jede Suche vergeblich war, dann a) kann ich mich schlecht auf etwas anderes konzentrieren b) denke ich nicht mehr lange darüber nach (HOM)."
HOP – Handlungsorientierung bei der Handlungsplanung:	Wenn ich weiß, dass etwas bald erledigt werden muss, dann a) muss ich mir einen Ruck geben, um den Anfang zu kriegen b) fällt es mir leicht, es schnell hinter mich zu bringen (HOP)

Quelle: vgl. Kuhl, o. J.; Meyer, 2019, S. 123

Beispiel-Items vermitteln einen ersten Eindruck in die Erhebung der Skalen (siehe Tab. 3.7).

Beide Fragebögen zählen zu den validierten Instrumenten der Osnabrücker Persönlichkeitsdiagnostik (vgl. Kuhl & Alsleben, 2009).

Stärken und Schwächen der Digital Natives 2.0 im Überblick

4

Mit Blick auf die junge Generation Z stellt sich die Frage, ob bzw. welche Unterschiede es in den Skalen der belastungsabhängigen Selbstberuhigung und Misserfolgsbewältigung gibt – sind sie es doch gewohnt von ihren Eltern unterstützt zu werden (vgl. Schroth, 2019, S. 10; Hurrelmann, 2019, S. 18, Stillmann & Stillmann, 2017, S. 41 ff.). Relevant erscheinen auch die Skalen Planungsfähigkeit, Initiative, das Umsetzen von Absichten bzw. die Konzentrationsstärke, um mit einem höheren Maß an Freiheit, beispielsweise in Form alternativer Arbeitsplatzbedingungen und Bildungskonzepte sinnvoll umgehen zu können. Mit Blick auf die hohe Zahl diagnostizierter Angstzustände (vgl. Schroth, 2019, S. 10) stellt sich auch die Frage nach der Ausprägung der Skalen Selbstgespür und angstfreie Zielorientierung. Als zeit- und situationsstabile Erstreaktion werden zunächst die Charakteristika der Persönlichkeit auf Basis des Big Five Inventories (BFI-K) sowie ausgewählten Skalen des F-DUP[N] beleuchtet. Im Anschluss daran werden relevante Skalen der Selbststeuerung abgebildet.

Insgesamt wurden 56 Schülerinnen und Schüler der Generation Z einer beruflichen Schule in die Erhebung mit einbezogen (weiblich: $n_1 = 33$; männlich $n_2 = 23$). Die Stichprobengröße wurde im Vorfeld der Untersuchung mithilfe kostenfreien Softwaretools G*Power (Version: 3.1.9.2) für mittlere Effekte (Cohen's d = 0,6) und dem in den Sozialwissenschaften üblichen Signifikanz-Niveau von 0,8 ermittelt – ebenso wurden die Effektstärken der Skalen mit signifikanten Ergebnissen post-hoc mittels Poweranalysen verifiziert (Forschungsdesign in Anlehnung an Meyer, 2019).

© Der/die Autor(en), exklusiv lizenziert durch Springer Fachmedien Wiesbaden GmbH, ein Teil von Springer Nature 2020
K. Meyer, *Persönlichkeit und Selbststeuerung der Generation Z,* essentials, https://doi.org/10.1007/978-3-658-32603-6_4

4.1 Eigenschaftsdiagnostik: Persönlichkeitscharakteristika der Generation Z

Nachfolgend erfolgt eine kurze Darstellung der Ergebnisse im Bereich der Persönlichkeit. Dabei werden zunächst die klassischen Dimensionen des Fünffaktoren-Modells Gewissenhaftigkeit (G), Neurotizismus (N), Verträglichkeit (V), Extraversion (E) und Offenheit für Erfahrungen (O) betrachtet. Eine Ergänzung um die Skalen der Leistungsmotivation, Unabhängigkeitsstreben sowie der Belastbarkeit schließt sich an. Es wird deutlich, dass sich die Resultate meist nicht auf die gesamte junge Generation verallgemeinern lassen, sondern Gender-Effekte zu berücksichtigen sind.

Gewissenhaftigkeit (G)

„Stärke der Zielsetzung und Antrieb zur Zielerreichung." (Lord, 2011, S. 23). Nach Auffassung von Experten kann die Gewissenhaftigkeit als Indikator für Organisationsfähigkeit, Willenskraft und Ausdauer herangezogen werden – ebenso für Orientierungsmarke für Leistungsorientierung und eine nachhaltige Zielfokussierung (vgl. Caliendo et al., 2014, S. 791; Zhao & Seibert, 2006, S. 261 f.; Rammstedt et al., 2013, S. 234; Amelang & Bartussek, 2001, S. 371). Mit Blick auf die junge Generation lässt sich genderunabhängig ein Rückgang der Gewissenhaftigkeit verzeichnen (mittlerer Effekt: d = 0,5 weibliche Probanden/d = 0,47 männliche Probanden). Dabei wäre die Effektstärke aufgrund der relativ kleinen Stichprobe bei männlichen Probanden nochmals zu verifizieren, da die Poweranalyse fast, jedoch nicht ganz an das gewünschte Niveau heranreicht (Power $1 - \beta < 0,8$).

Neurotizismus (N)

„Intensität und Häufigkeit negativer Emotionen, die sich aus negativen Überzeugungen über das Leben im Allgemeinen, über sich selbst und andere Menschen ergeben, und die Auswirkung davon auf die emotionale Anpassbarkeit." (Lord, 2011, S. 24). Die Ausprägung der Skala Neurotizismus bildet die individuelle Anpassungsfähigkeit sowie emotionale Stabilität einer Person ab (vgl. Rammstedt et al., 2013, S. 234; Amelang & Bartussek, 2001, S. 371). Dabei stehen niedrige Werte für Selbstbewusstsein, Entspannung und Ausgeglichenheit. Individuen mit höheren Werten hingegen erleben eine stärkere Intensität negativer Emotionen (vgl. Zhao & Seibert, 2006, S. 260). Verglichen mit der Norm weisen die weiblichen Vertreter der jungen Generation signifikant höhere Neurotizismus-Werte (mittlerer Effekt: d = 0,6/Power $1 - \beta = 0,97$) und damit eine deutlich emotionalere Erstreaktion auf.

Extraversion (E)

„Der in die äußere Umgebung gerichtete Energiebetrag und das Bedürfnis nach äußerer Stimulation." (Lord, 2011, S. 20). Aus der Dimension der Extraversion lassen sich je nach Ausprägung bzw. Merkmalsladung Durchsetzungsstärke/Dominanz, Begeisterung, sowie Aktivität/Energieniveau ableiten (vgl. Caliendo et al., 2014, S. 790; Amelang & Bartussek, 2001, S. 371). Bei männlichen Probanden lässt sich ein signifikant niedrigerer Wert der Extraversion feststellen (mittlerer Effekt: d = 0,6/Power 1 − β = 0,97).

Offenheit für Erfahrungen (O)

„Empfänglichkeit für eine große Bandbreite äußerer und innerer Quellen von Erfahrung und neuen Input." (Lord, 2011, S. 21). Personen mit einer hohen Ausprägung bzw. positiven Ladung dieses Merkmals fallen durch ihre Kreativität und Innovativität auf und zeichnen sich weiterhin durch ein höheres Reflexionsvermögen aus. Sie sind neugierig und streben aktiv nach neuen Erfahrungen (vgl. Caliendo et al., 2014, S. 790 f.; Amelang & Bartussek, 2001, S. 371). Individuen mit einer geringen Merkmalsausprägung verhalten sich eher konservativ und traditionell und verfügen über ein eingeschränktes Interessensportfolio (vgl. Rammstedt et al., 2013, S. 234). Ein Unterschied zur relevanten Norm konnte hier bei der weiblichen Gen Z ermittelt werden, die eine signifikant höhere Offenheit für Erfahrungen aufweist (mittlerer Effekt: d = 0,56/Power 1 − β = 0,94).

Verträglichkeit (V)

„Die Rolle, die eine Person in Beziehungen einnimmt; die Wahrscheinlichkeit, dass eine Person die Standpunkte oder Belange anderer Menschen berücksichtigt, akzeptiert und von ihnen beeinflusst wird." (Lord, 2011, S. 21). Ein Unterschiedstest der Verträglichkeit verlief ergebnislos. Hier konnten im Vergleich zur Norm keine signifikanten Unterschiede nachgewiesen werden.

Nach Müller gehören die Skalen von Leistungsmotivstärke und Unabhängigkeitsstreben zu den motivationalen Prädiktoren und stellen wesentliche Kernmerkmale dar, die unternehmerisch veranlagte Personen von Angestellten unterscheiden und diese am stärksten differenzieren (vgl. 2010, S. 67). Die Belastbarkeit zählt er zu den affektiven Prädiktoren (vgl. ebenda), die die Ebene der Gefühle und emotionalen Bewertungen beschreiben (in Anlehnung an: Zimbardo & Gerrig, 2008, S. 644). In Ergänzung des Big Five Inventories (BFI-K) wurden nachfolgenden Skalen mit ausreichenden Effektgrößen bzw. statistischen Power signifikant.

Leistungsmotivstärke

„Dieses Testmerkmal erfasst die Bereitschaft von Personen, sich bevorzugt mit Aufgaben zu beschäftigen, die für eigene Fähigkeiten eine Herausforderung darstellen, trotzdem jedoch erfolgreich bewältigt werden können. [...]." (Müller, o. J.; Müller, 2017, S. 1). Dabei arbeiten leistungsorientierte Personen fokussiert und engagiert auf ihre Ziele hin. Eine Befriedigung erfahren sie auch durch ihren ehrgeizigen Einsatz für die jeweilige Aufgabe und nicht durch das reine Erreichen der Zielsetzung (vgl. Pott & Pott, 2012, S. 29; Conrad et al., 1998, S. 9 und 18). Feststellen lässt sich im Hinblick auf die junge Generation, dass die weiblichen Repräsentanten eine signifikant niedrigere Leistungsmotivstärke aufweisen als die Norm (mittlerer Effekt; d = 0,52/Power 1 − β = 0,9).

Unabhängigkeitsstreben

„Bei diesem Testmerkmal wird festgestellt, wie stark individuelle Bedürfnisse nach Autonomie, Selbstverwirklichung und persönlichem Wachstum ausgeprägt sind. Es ist ein wichtiger Beweggrund für viele Menschen, eine möglichst authentische und mit individuellen Bedürfnissen vereinbare berufliche Identität zu entwickeln [...]." (Müller, o. J.; Müller, 2017, S. 1). Personen mit einer starken Ausprägung meiden autoritäre Strukturen, bevorzugen selbst gestaltbare Aufgaben und lösen sich von vorgegebenen Handlungsnormen (in Anlehnung an: Zumholz, 2002, S. 39; Kirschbaum, 1985, S. 96). An dieser Stelle wurden lediglich die Ergebnisse der weiblichen Gen Z mit einer höheren Ausprägung als die Norm signifikant (mittlerer Effekt: d = 0,49/Power 1 − β = 0,8).

Belastbarkeit

„Belastbarkeit ist ein Testmerkmal, das die berufliche Stressresistenz diagnostiziert. Personen mit starker Merkmalsausprägung können auch unter Druck ihre volle Leistungsfähigkeit abrufen. Auch fällt es Ihnen leichter, Gefühlsblockaden zu überwinden und trotz vielfältiger Anforderungen effektiv und effizient zu handeln [...]. Dieser gut entwickelten Disposition [...], ist es zuzuschreiben, weniger oft belastungsbedingt zu versagen [...]." (Müller, o. J.; Müller, 2017, S. 2 sowie in Anlehnung an: Conrad et al. 1998, S. 10 und 18; Pott & Pott, 2012, S. 33). Auffallend ist an dieser Stelle, dass die weiblichen Vertreter der Generation Z eine signifikant geringere Belastbarkeit aufweisen als die relevante Norm (mittlerer Effekt: d = 0,63/Power 1 − β = 0,97).

Zusammengefasst können die Profile der Generation Z im Vergleich zu den jeweiligen genderabhängigen Normen wie folgt abgebildet werden (siehe Abb. 4.1, Abb. 4.2).

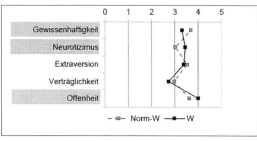

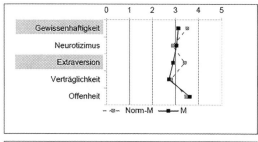

Abb. 4.1 Persönlichkeitsprofil der weiblichen Generation Z im Vergleich zur Norm. (Quelle: Eigene Darstellung, unter Einbezug von Meyer, 2020, S. 8)

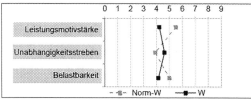

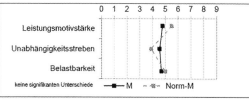

Signifikante Skalen, d≥ 0,5 (mittlerer Effekt)

Abb. 4.2 Persönlichkeitsprofil der männlichen Generation Z im Vergleich zur Norm. (Quelle: Eigene Darstellung)

Tab. 4.1 Skalen der Selbstregulation und Selbstkontrolle

Selbstregulation:	Selbstkontrolle:
• *Selbstbestimmung, Freiheitserleben:* Identifikation mit und konsequentes Verfolgen der gesetzten Ziele. Im Rahmen der Selbstkongruenz entsprechen sich Ziele und Bedürfnisse des jeweiligen Individuums	• *Planungsfähigkeit:* Fähigkeit, zu planen und Einzelmaßnahmen/-schritte zu definieren. Ebenso schließt sie die Kompetenz ein, noch zu Erledigendes zu erinnern und zu beachten
• *Positive Selbstmotivierung:* Fähigkeit, auch negativen oder unbequemen Umständen etwas Positives abzugewinnen	• *Ängstliche Selbstmotivierung (umgepolt: Angstfreie Zielorientierung):* Fähigkeit auch Schwieriges anzupacken, ohne sich allzu sehr unter Druck zu setzen
• *Belastungsabhängige Selbstberuhigung:* Fähigkeit, innere Anspannung gezielt abbauen zu können	

Quelle: vgl. Fröhlich & Kuhl, 2003, S. 224 f.; Kuhl, 2001, S. 702, 763 und 768; Kuhl & Alsleben, 2009, S. 40 ff.; Kuhl & Fuhrmann, 2004; Meyer, 2019, S. 78

4.2 Verhaltensdiagnostik: Selbststeuerung und Handlungsorientierung

Die Skalentests der Subskalen der Selbstregulation blieben mit Blick auf die junge Generation im Vergleich ergebnislos. Damit unterscheidet sich die Generation Z nicht wesentlich von den jeweiligen Normen. Abweichungen zeigen sich vor allem in den Subskalen der Selbstkontrolle (siehe Tab. 4.1), der Selbsthemmung bei Bedrohung (siehe Tab. 4.2) sowie der allgemeinen Stressbelastung, die sich erneut meist genderabhängig darstellen und nachfolgend vorab im Überblick charakterisiert werden.

Selbstkontrolle (Makroskala) – Planungsfähigkeit (Subskala).
Die Planungsfähigkeit ist vor allem bei komplexeren Vorhaben relevant, die eine Zerlegung dieser in Teilaufgaben verlangt. Die Skala beschreibt, wie gut es Individuen schaffen, strukturiert und geplant vorzugehen, wobei sich die Planungsfähigkeit vergleichsweise leicht entwickeln lässt (vgl. Kuhl & Alsleben, 2009, S. 41 f.). Mit Blick auf die Generation Z lässt sich feststellen, dass die weiblichen Probanden eine signifikant höhere Planungsfähigkeit aufweisen (mittlerer Effekt: $d = 0,53$/Power $1 - \beta = 0,92$).

Tab. 4.2 Skalen der Selbsthemmung bei Bedrohung und Willenshemmung bei Belastung

Selbsthemmung bei Bedrohung Verlust der Selbstregulation unter Druck	Willenshemmung bei Belastung Verlust der Selbstkontrolle unter Belastung
• *Misserfolgsorientierung (umgepolt: Misserfolgsbewältigung):* Misst das Verfolgen von misslichen Situationen sowie negativer Gedanken. Hemmung freier Gedanken und Handlungen	• *Initiative:* Verlust der Tatkraft; Zögern bei zu Erledigendem vs. Aufbau von Willenskraft, mit Handlungen zu beginnen
• *Entfremdung (Introjektionsneigung/Konformität, umgepolt: Selbstgespür):* Übernahme fremder Ziele, um es anderen Recht zu machen, Verlust der Selbstabgrenzung. Misst den Zugang zur eigenen Person und den damit verbundenen Ambitionen. = Voraussetzung für das Verfolgen eigener Ziele*	• *Nichtumsetzung von Vorsätzen (umgepolt: Absichten umsetzen):* Aufschieben von zu erledigenden Aufgaben, schweres Umsetzen von Absichten, Bedürfnissen und Wünschen
• *Fragmentierung (umgepolt: Integration):* Fähigkeit, scheinbar Gegensätzliches zu vereinen. Widersprüchliches wird als mit der eigenen Person unvereinbar angesehen	• *Konzentrationsschwäche, (umgepolt: Konzentrationsstärke):* Fehlende Fähigkeit, bei der Sache zu bleiben/Abschweifen von der zielführenden Aufgabe. Ablenkungen entstehen entweder von innen oder aus dem externen Umfeld

Quelle: vgl. Fröhlich & Kuhl, 2003, S. 227 f.; Kuhl, 2001, S. 702, 763 und 768; Kuhl & Alsleben, 2009, S. 40 ff.; Kuhl & Fuhrmann, 2004; Meyer, 2019, S. 81

Selbstkontrolle (Makroskala) – Angstfreie Zielorientierung (Subskala).
Diese Dimension legt dar, wie sehr sich ein Individuum komplexen Aufgaben widmen kann, ohne sich zu sehr unter Druck zu setzen. Ziel ist es, auf eine positive Selbstmotivierung zurückgreifen zu können – anstelle Ziele lediglich auf Basis der Vermeidung negativer Konsequenzen (negative Selbstmotivierung) zu erreichen (vgl. Kuhl & Alsleben, 2009, S. 42). Männliche Vertreter der Generation Z weisen im Vergleich zur relevanten Norm eine signifikant höhere angstfreie Zielorientierung auf (mittlerer Effekt, $d = 0{,}6$/Power $1 - \beta = 0{,}87$). Gleichzeitig lässt sich ein signifikanter Unterschied zur weiblichen Gen Z feststellen (mittlerer Effekt: $d = 0{,}66$/Power $1 - \beta = 0{,}8$).

Die feststellbaren Unterschiede beziehen sich auf die Makroskala der Selbsthemmung bei Bedrohung.

Selbsthemmung bei Bedrohung (Makroskala) – Selbstgespür (Subskala).
Die Introjektionsneigung (umgepolt: Selbstgespür) beschreibt die mögliche Selbstentfremdung von Personen und damit die Neigung zur Übernahme von fremden Zielen und Erwartungen, die nicht bewusst als selbstfremd wahrgenommen werden und damit auch bei fehlender Selbstkongruenz keine Ablehnung erfahren (vgl. Kuhl & Kazén, 2003, S. 201; Fröhlich & Kuhl, 2003, S. 242). Dabei gilt: Je stärker negativer Affekt das Selbstgespür hemmt, desto weniger können die Individuen eigene und fremde Ziele und Wünsche voneinander trennen (vgl. Martens & Kuhl, 2013, S. 71) – auch wenn Aufgaben, die aufgrund des Infiltrations-Mechanismus fälschlicherweise mit eigenen gleichgesetzt werden, meist mit konträren Emotionen versehen und damit nur schwer umsetzbar sind, da sie eine innerliche Ablehnung erfahren (vgl. Martens & Kuhl, 2013, S. 71). Das Selbstgespür sorgt also dafür, dass eigene Wünsche erkannt und nicht mit den Zielen anderer verwechselt werden – und so eine Immunität gegen fehlinformierte Introjektion ausgebildet wird (vgl. Fröhlich & Kuhl, 2003, S. 227 und 243; Kuhl & Alsleben, 2009, S. 44). Generation Z verfügt genderunabhängig über ein signifikant höheres Selbstgespür im Vergleich zu jeweiligen Norm (großer Effekt: $d = 1,3$/Power $1 - \beta = 0,99$). Aufgrund der geringen Stichprobengröße wäre der Effekt bei weiblichen Probanden nochmals zu verifizieren.

Selbsthemmung bei Bedrohung (Makroskala) – Integration Widersprüchliches (Subskala).
Die Integration von Widersprüchlichem bildet die Fähigkeit eines Individuums ab, Gegensätzliches zu akzeptieren und in das Selbstsystem zu integrieren (vgl. Kuhl & Alsleben, 2009, S. 44; Kuhl & Fröhlich, 2003, S. 228). Gelingt dies nicht, erfährt das Widersprüchliche eine Betonung und wird als unvereinbar abgelehnt (vgl. Kuhl & Fröhlich, 2003, S. 228). Sowohl die weiblichen Vertreter als auch die männlichen Probanden der Gen Z weisen in der Skala der Integration von Widersprüchlichem signifikant höhere Werte mit jeweils großen Effekten auf (großer Effekt: weiblich: $d = 1,30$/Power $1 - \beta = 1,0$, männlich: $d = 1,38$/Power $1 - \beta = 0,99$). Damit sind sie in besonderem Maß in der Lage, gegensätzliche Bedürfnisse zu akzeptieren und in ihr Selbstsystem zu integrieren.

Allgemeine Stressbelastung (Makroskala) – Belastung & Bedrohung/Druck (Subskala).
Wie sich bereits in den Persönlichkeitsdimensionen herauskristallisierte, verfügt die weibliche Generation Z über eine geringere Belastbarkeit bzw. fühlt sich im Vergleich zur Norm signifikant höher belastet (mittlerer Effekt: $d = 0,5$/Power $1 - \beta = 0,86$). Ein ähnliches Bild zeigt sich in der Skala der Bedrohung. Auch

hier spüren die weiblichen Probanden einen signifikant höheren Druck (mittlerer Effekt: d = 0,6/Power 1 − β = 0,96).

Im Bereich der Handlungsorientierung konnten keine belastbaren Unterschiede belegt werden. Damit lassen sich die Unterschiede der jungen Generation im Vergleich wie folgt abbilden (siehe Abb. 4.3).

Zusammenfassend ergibt sich ein Persönlichkeits- und Selbststeuerungsprofil der jungen Generation, das sich wie folgt darstellen lässt:

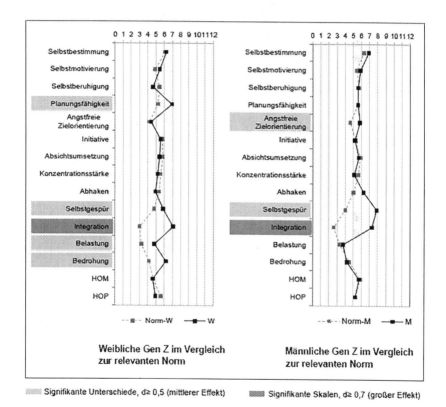

Abb. 4.3 Selbststeuerungsprofile der jungen Generation im Vergleich zur jeweiligen Norm. (Quelle: Eigene Darstellung, unter Einbezug von Meyer, 2020, S. 9)

Genderunabhängige Unterschiede:
- Geringere Ausprägung der Gewissenhaftigkeit
- Besserer Selbstzugang durch höhere Werte in den Skalen Selbstgespür und Integration von Widersprüchlichem

Genderabhängige Unterschiede:
- Geringere Belastbarkeit der weiblichen Generations-Vertreter in Verbindung mit einem
- höheren Empfinden von Belastung, Druck und höheren Neurotizismus-Werten als weiterer Indikator für eine geringere emotionale Stabilität
- Geringere Leistungsmotivation von weiblichen Vertretern der Generation Z bei gleichzeitig höherer Offenheit für Erfahrungen sowie einer höheren Planungsfähigkeit
- Höhere angstfreie Zielorientierung von männlichen Probanden bei einer niedrigeren Ausprägung der Extraversion

Damit lässt sich für Unternehmen, Ausbilder und Bildungsträger ableiten, dass die junge Generation aufgrund des besseren Selbstzugangs grundsätzlich stärker nach mit den eigenen Wünschen und Bedürfnissen zu vereinbarenden Aufgaben strebt – gleichzeitig jedoch ihre Ziele aufgrund der geringeren Gewissenhaftigkeit weniger nachhaltig und ausdauernd fokussiert. So gesehen steht die Generation Z damit im Widerspruch zu sich selbst, vermag diese unterschiedlichen Aspekte der eigenen Persönlichkeit jedoch gut zu akzeptieren. Da Ausbildungs- bzw. Bildungsprogramme in Deutschland in der Regel genderunabhängig erfolgen, ist das geringere Belastbarkeitsniveau der weiblichen Vertreter miteinzubeziehen.

Handlungsansätze und Ableitungen für Bildungsträger und mittelständische Unternehmen (KMU)

5

5.1 Mögliche Ansätze für Bildungsträger

Im Rahmen des Kooperationsprojekts „Weiterbildungskataster" mit dem Ziel, Licht in die Komplexität der Weiterbildungslandschaft zu bringen, wurden in Deutschland im Jahr 2007 etwa 17.000 Bildungsträger ermittelt. Bezieht man Geschäftsstellen mit ein, kann sogar eine Zahl von 25.000 Weiterbildungsanbietern ausgewiesen werden. Gleichzeitig weist der Projektbericht darauf hin, dass es kaum möglich ist, die Zahl der Bildungsanbieter vollständig zu vermitteln und Schätzungen enthalten sind – auch da sich Bildungsträger zum Teil keine Zeit für die Projektteilnahme nehmen wollten (vgl. DIE, 2008, S. 21 f.). Ersichtlich wird die Bandbreite an Bildungsträgern (vgl. ebenda, S. 26), die von einer Nachwuchsgeneration betroffen sind, die einfach anders tickt (vgl. Scholz, 2014; Hurrelmann, 2019, S. 14).

Dabei lassen sich nachfolgende Anbietertypen unterscheiden (DIE, 2008, S. 26):

- Private Anbieter (ca. 41 %)
- Volkshochschulen (ca. 23 %)
- Verbands- und Vereinseinrichtungen (ca. 7 %)
- Einrichtungen der Wirtschaft (Arbeitgeber/Kammern) (ca. 4 %)
- Kirchliche oder konfessionsgebundene Einrichtungen (ca. 3 %)
- Trainer mit eigenem Bildungsangebot (ca. 3 %)
- Schulen (beruflich oder allgemeinbildend) (ca. 3 %)
- Hochschulen und Fachhochschulen (ca. 2,4 %)

© Der/die Autor(en), exklusiv lizenziert durch Springer Fachmedien Wiesbaden GmbH, ein Teil von Springer Nature 2020
K. Meyer, *Persönlichkeit und Selbststeuerung der Generation Z*, essentials, https://doi.org/10.1007/978-3-658-32603-6_5

- Einrichtungen von Gewerkschaften, politischen Parteien/Stiftungen, sonstige (ca. 10 %)

Nach Scholz sieht die Generation Z in Bildung die Absicherung ihrer Zukunft (vgl. 2014, S. 202 ff.). Gleichzeitig stellt sie Anforderungen, die es aus der Sicht von Bildungsanbietern zu beachten gilt. Hierzu gehört beispielsweise eine Analyse des Bildungsbedarfs bei gleichzeitigem Abgleich von Fremd- und Selbsteinschätzung sowie die Entwicklung eines Bildungsangebots, aus dem Generation Z frei auswählen kann, was am besten zu ihr passt (vgl. Scholz, 2014, S. 204). Besonders mit Blick auf den festgestellten besseren, genderunabhängigen Selbstzugang und die niedrigere emotionale Belastbarkeit der weiblichen Generationsvertreter ist anzunehmen, dass die junge Generation Weiterbildungsmaßnahmen vergleichsweise schnell abbricht – sollte sie feststellen, dass diese nicht zu ihnen passen (auch in Anlehnung an: Scholz, 2014, S. 136; Hurrelmann, 2019, S. 17). Gleiches gilt für eine zu hohe emotionale Belastung und Überforderungszustände, die sich aus zu komplexen Aufgaben ergeben können. Dementsprechend sollten Bildungsträger auf klar definierte und abgegrenzte Bildungseinheiten setzen. Gleiches gilt für graduelle Lernfortschrittskontrollen anstelle einmaliger und stresserzeugender Qualifizierungsüberprüfungen (auch in Anlehnung an: Scholz, 2014, S. 204 und 206 f.).

> **Checkliste und Empfehlungen für die Bildung**
> - Ermitteln des Qualifikationsbedarfs, inkl. Abgleich von Fremd- und Selbsteinschätzung und möglichst hoher Selbstkongruenz
> - Entwicklung eines Qualifizierungsportfolios mit entsprechenden Wahloptionen, das dem Wunsch nach Selbstbestimmung entspricht
> - Home-Office nicht als festen Regel-Lernplatz etablieren, jedoch tage- bzw. einheitenweise Flexibilität bieten
> - Überschaubare Auswahl an Kommunikationsplattformen/-instrumenten
> - Berechenbare und überschaubare Ausbildungs- und Unterrichtseinheiten schaffen Vertrauen, bauen Hemmnisse ab und verhindern zu großen Leistungsdruck
> - Entwickeln eher kleinerer, spielerischer Qualifizierungseinheiten
> - Moderne Vermittlung der Lerninhalte (kurze Sequenzen, anschauliche Visualisierung, ggfs. multimedial)
> - Ausrichten der Qualifizierungsmaßnahmen an konkreten (realistischen) Karrierechancen und -optionen

- Regelmäßiges Feedback/klare, schnelle und ehrliche Kommunikation
- Leistungsfeststellung/Überprüfung notwendig, eher stufenweise in kleinen Einheiten präsentieren (bspw. anstelle einer umfassenden Prüfungsleistung). Es bieten sich laufende Lernfortschrittskontrollen mit Qualifikationspunkten an.
- Entwicklungsmaßnahmen mit kürzerer Amortisationsdauer priorisieren
- „Learning by doing": Ziel ist eine schnellstmögliche Anwendbarkeit in der Unternehmenspraxis

Quelle: Eigene Darstellung, unter Einbezug von Scholz, 2014; Rembser, 2019, S. 83

Bezogen auf den Bildungsprozess wird ersichtlich, welchen Stellenwert die passgenaue Analyse des Qualifikationsbedarfs und eine möglichst selbstkongruente Zielsetzung einnehmen (vgl. Tab. 5.1). Aufgrund des festgestellten höheren Selbstzugangs der jungen Generation ist es ratsam, die Selbstkongruenz möglicher Entwicklungs- und Karriereschritte sowie Sinn und Ziel von Entwicklungsmaßnahmen aus Sicht der jungen Generation miteinzubeziehen (eigene Ergebnisse sowie in Anlehnung an: Scholz, 2014, S. 233 ff.). Gleichzeitig sollte der Lernfeld-Input ein breiteres Interessens-Spektrum der jungen Generation abdecken. Im Lehr- bzw. Lernprozess selbst gilt es, auf überschaubare Lern- und Aufgabenpakete sowie kurze Lernsequenzen zu achten, die in moderner, anschaulicher Form dargeboten werden. Diese erfordern aufgrund der geringeren Gewissenhaftigkeit und Leistungsmotivstärke ein regelmäßiges Feedback sowie eine laufende Leistungsüberprüfung (vgl. hierzu auch Scholz, 2014, S. 204; Rembser, 2019, S. 83). Da die junge Generation wie bereits dargelegt dazu neigt, sich kurzfristig aus Arbeitsverhältnissen zu lösen, ist im Sinne des unternehmerischen Bildungscontrollings eine möglichst kurze Amortisationszeit der Entwicklungsmaßnahme und damit eine schnellstmögliche Anwendbarkeit des Gelernten in die betriebliche Praxis zu fokussieren. Weiterbildungsprogramme sollten überschaubar sein, damit sich die Maßnahmen aus Unternehmenssicht auch dann noch lohnen, wenn das Arbeitsverhältnis grundsätzlich einer täglichen Kündbarkeit unterliegt (in Anlehnung an: Scholz, 2014, S. 136 und 208; Rembser, 2019, S. 82).

Da die junge Generation nach Scholz und Grotefend (vgl. 2019a, S. 1) Flexibilität und Freiheit schätzt, bietet sich eine teilweise Selbststeuerung von Lernprozessen mit zeitnahen Feedback-Schleifen und aufgrund einer genderunabhängig sinkenden Gewissenhaftigkeit bzw. sinkenden Leistungsmotivation der

Tab. 5.1 Selbstkongruente Zielsetzung als wesentliche Ausgangbasis im Bildungsprozess

I. Vorfeld	II. Lernfeld		III. Funktionsfeld	
a) Bedarfs-analyse	Input (Lehrperson, pädag. Perspektive)	Prozess (Teilnehmer-Evaluation/ Prüfung von Curricula)	Output (Lernerfolg, Qualifikationszuwachs)	Transfer (Evaluation der Wirkung) / Outcome
b) **Sinn- und Zieldefinition** (Entwicklungs-ziele, Karriere-ziele)				

Ziel im Hinblick auf Generation Z:
Möglichst selbstkongruente und wertekonforme Zielsetzung zu Generation Z als elementare Ausgangsbasis für den Lernprozess

Quelle: vgl. Griese & Marburger, 2011, S. 146; Seeber, 2000, S. 37; Meyer, 2019, S. 176; Scholz, 2014, S. 234 f.; Rembser, 2019, S. 75

weiblichen Generationsvertreter mit entsprechenden Qualifikations- und Leistungskontrollen an. Wichtig ist hierbei jedoch, nicht den gesamten Lernprozess ins Home-Office zu transferieren, da sich die Vertreter von Generation Z eine Trennung von Beruflichem und Privatem wünschen (vgl. Scholz, 2014, S. 184 ff.). Zudem sollte ein Fokus auf Lehrmethoden liegen, bei denen sich die junge Generation austauschen und in der Gruppe arbeiten kann. In Lehreinheiten ist damit auf genügend Interaktion zu achten (in Anlehnung an: Hesse et al., 2019, S. 72; Scholz, 2014, S. 106). Mit Blick auf mögliche konkrete Lehrmethoden bietet sich zu großen Teilen das vollständige Spektrum klassischer Trainingsmethoden an, soweit es die Bedürfnisse von Generation Z miteinbezieht (vgl. Tab. 5.2). Lehrvorträge sind daher eher kurz und als interaktives Lehrgespräch zu gestalten. Gruppenarbeiten, Diskussionen sowie kollegiale Beratungen können die Basis für einen gemeinsamen Austausch sowohl mit der Lehrperson als auch innerhalb der Gruppe bilden (in Anlehnung an: Maas, 2019, S. 96). Fallstudien/Übungsfälle, Rollenspiele und Simulationen/Projekte sichern eine schnelle Verwertbarkeit des gelernten Wissens und sind damit für die unternehmerische Praxis relevant. Von Vorteil kann sich die technologische Affinität der jungen Generation erweisen – hat sie den Umgang mit Apps und Chat-Funktionen doch von Kindesbeinen an gelernt und erwartet eine moderne Umsetzung von Lerninhalten (vgl. Hesse et al., 2019, S. 72, Scholz, 2014, S. 103; Rembser, 2019, S. 83). Klar definierte Lernplattformen halten dabei die Kommunikationswege überschaubar (in Anlehnung an: Scholz, 2014, S. 224 ff.). Aufgrund der festgestellten geringeren Planungsfähigkeit der männlichen Generation Z sollte ein Lernprozess mit klar überschaubaren Lerninhalten definiert werden, der gleichzeitig Überforderungs- und Belastungssituationen der weiblichen Gen Z vermeidet (auch in Anlehnung an: Scholz, 2014, S. 206 f.; Rembser, 2019, S. 83).

Neben einem Einbezug der Interessen und Werte von Generation Z bietet es sich für Bildungsträger an, in unmittelbarem Austausch mit den Unternehmen zu stehen, um auch kurzfristig bedarfsgerecht ausbilden zu können und so Bildungsinvestitionen in die junge Generation für alle Beteiligten möglichst lohnenswert zu gestalten (in Anlehnung an: Scholz, 2014, S. 136 und 208). Von Bedeutung ist auch die Förderung der Selbststeuerungskompetenzen, anstelle der reinen Fachlichkeit – besonders im Hinblick auf die weibliche Generation Z, die sich schneller belastet und bedroht fühlt und aufgrund ihrer persönlichkeitsbasierten Erstreaktion emotionaler reagiert. Denkbar sind hierzu grundsätzlich Coaching-Programme, die allerdings voraussetzen, dass die junge Generation diesbezüglich einen Entwicklungsbedarf erkennt. Denn Coaching verlangt neben Offenheit auch die Bereitschaft, sich selbst bewusst einzulassen (vgl. Böhm, 2016, S. 36).

Tab. 5.2 Klassische Trainingsformen sowie ihre Relevanz für Gen Z und die unmittelbare. Anwendung im Unternehmen (KMU)

Trainings-form	Ausgewählte Methoden	Eignung/Lernziele	Re-levanz für Gen Z	Relevanz für direkten Einsatz im Unternehmen
Seminar	Lehrvortrag	Wissensvermittlung, Erläutern wesentlicher Zusammenhänge, ist als Monolog kurz zu halten		
	Lehrgespräch	Interaktivere Form des Lehrvortrags unter Einbezug der Teilnehmer Gemeinsame Erarbeitung eines Inhalts	X	
	(Einzel- und) Gruppenarbeit	Erarbeiten von Aufgaben vor allem in der Gruppe Entwicklung eigener Lösungsansätze und Ideen Intensive Auseinandersetzung mit Themen	X	
	Diskussion	Austausch unterschiedlicher Standpunkte	X	

(Fortsetzung)

Tab. 5.2 (Fortsetzung)

Trainings-form	Ausgewählte Methoden	Eignung/Lernziele	Re-levanz für Gen Z	Relevanz für direkten Einsatz im Unternehmen
	Fallstudien/Übungsfälle/Projekte	Realitätsnahe Auseinandersetzung mit konkreten Problemstellungen und deren Lösungen Transferleistung kann über die Bearbeitung von Fällen sichergestellt werden	X	X
	Rollenspiele	Training neuer Verhaltensweisen im geschützten Rahmen Abgleich von Selbst- und Fremdwahrnehmung kann gefördert werden	X	X
	Kollegiale Beratung	Besprechen beruflicher Probleme der Praxis innerhalb einer Gruppe, Reflexion sowie gemeinsames Erarbeiten von Lösungen	X	X
E-Learning	Web-based training (WBT)/Computer-based training (CBT)	Grundlagentraining/Wissensaufbau, allerdings nicht ausschließlich im Home Office	X	
	Virtuelles Klassenzimmer/Präsenztraining/Web-Conferencing mit Chatfunktion	Wissenstransfer	X	

(Fortsetzung)

Tab. 5.2 (Fortsetzung)

Trainings-form	Ausgewählte Methoden	Eignung/Lernziele	Re-levanz für Gen Z	Relevanz für direkten Einsatz im Unternehmen
	Simulationen/Projekte	Lernen an möglichst realitätsnahen Problemen/Situationen	X	X
	Foren, Apps/Online-Gruppen	Online-Austausch von Meinungen, Standpunkten und Wissen	X	

Quelle: in Anlehnung an: Kauffeld, 2016, S. 80 ff.; Meyer, 2019, S. 198, Scholz, 2014, S. 106; Hesse et al. 2019, S. 72; Maas, 2019, S. 96

5.2 Anregungen für die mittelständische Unternehmenspraxis

In der BRD entfallen 99,5 % aller Unternehmen auf die Unternehmensgrößenklasse der kleinen und mittleren Unternehmen (KMU). Damit stellen KMU mehr als die Hälfte aller Arbeitsplätze in Deutschland (BMWi, 2018, S. 1). Dabei ist eine der gängigsten Definitionen auf die Europäische Kommission zurückzuführen, die für sämtliche Institutionen Leitlinie darstellt (2003, S. L124/39). Wesentlichstes Merkmal stellt die Anzahl der Beschäftigten dar, die sich für die Kategorisierung von KMU etabliert hat (vgl. EU-Kommission, 2003, S. 36; Heinemann, 2008, S. 6; Meyer, 2015, S. 13 und 2019, S. 9; vgl. Tab. 5.3).

Schnell wird ersichtlich, dass sich genderabhängige Konzepte in Unternehmen dieser Größenklasse zur Führung bzw. Aus- und Weiterbildung der jungen Generation kaum anbieten. Vielmehr gilt es, eine bestmögliche Basis für die Integration der Generation Z zu finden. Es geht also darum, die Grundbedürfnisse der jungen Generation zielgerichtet mit den betrieblichen Erfordernissen zu vereinen. Und hierfür erforderlich ist ein Dialog in beide Richtungen (vgl. Scholz, 2019, S. 345).

Rekruiting. Generation Z präsentiert sich Arbeitgebern eher als unloyal und verlässt das Unternehmen im Vergleich zu anderen Generationen deutlich schneller (vgl. Scholz, 2019, S. 345; Rembser, 2019, S. 82; Hurrelmann, 2019, S. 17). Gleichzeitig haben Unternehmen, die sich mit der jungen Generation auseinandersetzen und sie in ihren wesentlichen Charakteristika begreifen, verbesserte Chancen im Rekruiting (vgl. Scholz, 2019, S. 345). Basierend auf dem ermittelten besseren Selbstzugang sucht Generation Z nach Aufgaben und Tätigkeiten, die zur eigenen Persönlichkeit passen – d.h es wird eine zur Individualität passende berufliche Identität angestrebt. Um Abbruch- und Kündigungsquoten zu

Tab. 5.3 Einteilung von KMU in Unternehmensgrößenklassen

Unternehmensgrößenklasse	Anzahl der Beschäftigten	Umsatz EUR/Jahr	
große Unternehmen	$\geq$250	>50 Mio	
mittlere Unternehmen	<250	max. 50 Mio	*Kerndefinition von*
kleine Unternehmen	<50	max. 10 Mio	*KMU (kleinen und*
kleinste Unternehmen	<10	max. 2 Mio	*mittleren Unternehmen)*

Quelle: vgl. EU-Kommission, 2003, S. L124/39

vermeiden, sollten Arbeitgeber daher bereits im Einstellungsprozess auf eine Erstpassung achten, also eine möglichst hohe Übereinstimmung von Anforderungsprofil/Tätigkeit und Mitarbeiter. Grundsätzlich ist es nach Kuhl möglich, den Umgang mit unerwünschten Erstreaktionen auf Basis von zeit- und situationsstabilen Persönlichkeitsmerkmalen zu erlernen (vgl. Kuhl & Alsleben, 2009, S. 39). Allerdings weist die Auswertung der Literatur darauf hin, dass die Gen Z für den Erwerb solcher Kompetenzen möglicherweise keinen Anlass sieht – geht sie doch davon aus, dass das Schaffen einer Wohlfühlumgebung eine „unternehmerische Bringschuld" (vgl. Scholz, 2014, S. 215) darstellt und sie sich die Forderung nach einer solchen aufgrund des demografischen Wandels leisten kann (vgl. ebenda, 2014, S. 25 und 143). So kommt es auch, dass die Unternehmen bereits nach kurzer Zeit wieder verlassen werden, wenn das jeweilige Umfeld als unpassend eingestuft wurde (vgl. Scholz, 2014, S. 136). Nach Hurrelmann verursacht eine schlechte Passung zwischen Qualifikation der jungen Generation und den Anforderungen des Unternehmens Abbruchquoten im Rahmen einer dualen Ausbildung von bis zu 30 % (vgl. 2019, S. 17). Für die Ermittlung einer solchen Erstpassung eines Kandidaten bzw. potenziellen Mitarbeiters könnten sich Stellenprofil im Abgleich mit dem jeweiligen Kompetenz- und Persönlichkeitsprofil des Bewerbers eignen. Eigene Erfahrungen zeigen, dass die junge Generation Z Neuem grundsätzlich offen gegenübersteht. Zudem konnte bei der untersuchten weiblichen Gruppe der jungen Generation diesbezüglich sogar ein signifikanter Unterschied festgestellt werden (vgl. Abb. 4.1, auch in Anlehnung an: Stillmann & Stillmann, 2017, S. 73). So wurde die Umfrage im Rahmen des vorliegenden Projekts (genderunabhängig) bereitwillig ausgefüllt. Anzunehmen ist daher, dass komplexere Einstellungsverfahren keine grundsätzliche Hürde darstellen – zumal die junge Generation besonders Online-Lösungen offen gegenüberstehen sollte (in Anlehnung an: Hesse et al., 2019, S. 73). Weiterhin sollten Fragen beispielsweise zu Überstunden und Karrierechancen offen angesprochen werden und entsprechend vorbereitet Teil des Einstellungsprozesses sein. Es gilt, ein realistisches Bild zu vermitteln. Denn nur so kann im Nachhinein der psychologische Vertrag erfüllt werden (in Anlehnung an: Schroth, 2019, S. 6 f.). Wichtig ist nach Schroth auch ein effizientes Onboarding, das Unsicherheiten von vorneherein vermeidet und für Klarheit sorgt (ebenda, S. 7).

Checkliste möglicher Ansatzpunkte im Rekruiting

- Präsentation als moderner, digital-affiner Arbeitgeber, schnelle Information/Reaktion
- Leicht erreichbare und übersichtliche Stellenausschreibungen
- Recrutainment/erlebbarer, spannender Bewerbungsprozess
- Praktikums- und Traineepositionen bieten die Chance zur Qualifizierung, jedoch mit aufgeschobener Verantwortung und geringerer Belastung
- Realistischer Abgleich von Erwartungen (Fremd- und Selbsteinschätzung)/selbstkongruenter Zielsetzung, damit der „psychologische Vertrag" erfüllt werden kann.
- Langfristig konstante Arbeitszeiten/Wochenenden gelten bei der Generation Z grundsätzlich als arbeitszeitfreie Zone und Erholungsraum nach Belastungen
- Punktuelle Überstunden sind möglich, bei einem entsprechendem Freizeit-Ausgleich von Überstunden und rechtzeitiger Ankündigung
- Arbeitsangebote in der Region (fester Ort/feste Zeit)
- Marktübliche, angemessene Vergütung
- Positives Betriebs- bzw. Wohlfühlklima und (unbefristete) Arbeitsplatzsicherheit
- Zur Generation Z passende Feedbackkultur mit einem laufenden Austausch, ehrliche/schnelle Kommunikation
- Firmen-Handy für die klare Separation von Berufs- und Arbeitsleben
- Privatsphäre am Arbeitsplatz (eigener Schreibtisch, anstelle Desk Sharing)
- Flexible, auf Tage begrenzte Home-Office-Lösung (nicht als Dauerlösung)
- Qualifizierungsmaßnahmen/Karriere- und Entwicklungschancen mit überschaubaren und vorhersehbaren Schritten und sinnvollen Aufgaben

Quelle: Eigene Darstellung unter Einbezug von Scholz, 2014; Maas, 2019; Schroth, 2019, S. 6 f.; Rembser, 2019, S. 75 ff.; Stillmann & Stillmann, 2017, S. 86 ff. und 155; Scholz und Grotefend, 2019b, S. 188

Ausbildung und Personalentwicklung. Ausbildungs- oder Einstiegsprogramme für die junge Generation sollten die ermittelte geschlechter-übergreifend nachlassende Gewissenhaftigkeit und Planungsfähigkeit der männlichen Generationsvertreter im Blick haben – auch, dass das Verhalten der jungen Generation mit den gewünschten Karrierezielen nicht unbedingt im Einklang miteinander stehen muss, da sie mit der Integration widersprüchlicher Aspekte überdurchschnittlich gut zurechtkommt (in Anlehnung an: Kuhl & Fröhlich, 2003, S. 228). Vor allem für die weiblichen Vertreter der jungen Generation ist es wichtig, die Selbststeuerungskompetenzen zu stärken – zeichnen sich diese durch eine geringere emotionale Belastbarkeit aus und fühlen sich gleichzeitig mehr bedroht und belastet (vgl. Abb. 4.1, Abb. 4.2; Abb. 4.3). Dabei sind höhere Ausprägungen der Skala Neurotizismus nicht als grundsätzlich negativ zu bewerten, sondern lediglich als Merkmal zur Differenzierung von Personen (vgl. Borkenau & Ostendorf, 2008, S. 40).

Ein bewährtes Instrument zur Personalentwicklung stellt das Personalportfolio nach Odiorne dar, das die Portfolioanalyse aus dem strategischen Management in das Personalmanagement transferiert und Mitarbeiter in Abhängigkeit von Potenzial und Leistungsverhalten in vier mögliche Felder einordnet (siehe Tab. 5.4).

Für die Generation Z ergibt sich eine grundsätzlich mögliche Verortung auf Basis der literaturbasierten Fremdeinschätzung – legt sie einerseits Wert auf solide und klare Rahmenbedingungen und Strukturen bzw. geregelte Arbeitszeiten (solide Leistungsträger) sowie Bildung und Karrierechancen (Spitzenkräfte) auf der anderen (in Anlehnung an: Scholz, 2014, S. 218). Zum Problem-Mitarbeiter kann sie aus Unternehmenssicht aufgrund ihrer abweichenden Wünsche und Bedürfnisse wie Unabhängigkeit, Flexibilität und Individualität sowie ihres ausgeprägten Wechselverhaltens werden (in Anlehnung an: Scholz & Grotefend, 2019a, S. 1; Scholz, 2014, S. 136). Nicht zu unterschätzen ist auch der Ansteckungseffekt auf andere Generationen mit dem eigenen Lebens- und Arbeitsstil (vgl. Scholz &

Tab. 5.4 Personalportfolio nach Odiorne

Merkmale/Ausprägung	Geringes Potenzial	Hohes Potenzial
Hohe Leistung	Solide Leistungsträger	Spitzenkräfte
Geringe Leistung	Leistungsschwache	Problem-Mitarbeiter

Quelle: vgl. Odiorne, 1984, S. 66; Scholz, 2014, S. 218; Scholz & Grotefend, 2019a, S. 1 und 346; Hurrelmann, 2019, S. 15; Rembser, 2019, S. 81 f.

Grotefend, 2019a, S. 346; Scholz, 2014, S. 86 ff.; Maas, 2019, S. 69). Gleichzeitig verfügen sie aufgrund ihres digitalen Hintergrund über die bestmögliche Grundausstattung, für eine Arbeitswelt die der zunehmenden Digitalisierung unterliegt (vgl. Hesse et al., 2019, S. 72) – und damit über das Potenzial, Entwicklung und Wettbewerbsfähigkeit von Unternehmen aktiv mitzugestalten. Demgegenüber steht ihre Selbsteinschätzung als „Premium-Mitarbeiter" mit einer entsprechend verwöhnten Haltung (vgl. Scholz, 2014, S. 218; Rembser, 2019, S. 83). Grundsätzlich können für innerbetriebliche Personalentwicklungsmaßnahmen ähnliche Ansätze und Erfolgskriterien wie für Bildungsträger abgebildet werden (vgl. Abb. 8).

Checkliste für die Personalentwicklung
- Überschaubare Ausbildungs- und Lerneinheiten für Handlungssicherheit und Orientierung mit geringerem Stresspotenzial
- Praktikums- und Traineepositionen als stufenweise Einstiegsoption ohne Druck und Verantwortung
- Qualifizierung als Spiel, Zukunftssicherung der jungen Generation und für den nächsten (kurzfristig absehbaren) Karriereschritt
- Laufendes Feedback für positive Leistung bzw. Aussetzen der gewohnten, regelmäßigen Feedbackschleifen bei mangelhafter Leistung (anstelle Negativ-Feedback).
- Realistischer Abgleich von Fremd- und Selbsteinschätzung im Hinblick auf die Positionierung als „Premium-Mitarbeiter" sowie realistische Versprechungen
- Qualifikationsprüfung und Leistungskontrolle erforderlich (eher permanent vs. große Überprüfung)
- Der jeweilige Qualifikationsbedarf ergibt sich aus Feedback bzw. Qualifikationsüberprüfung
- Anbieten eines breit gefächerten Qualifizierungsangebots, da Generation Z am liebsten selbstbestimmt entscheidet.
- Priorisieren von Qualifizierungsmaßnahmen mit kurzer Amortisationsdauer und schneller Anwendung im Unternehmen („Learning by doing"), damit sich Investitionen lohnen.
- Wahlmöglichkeit zwischen Fach- und Führungskarriere

Quelle: Eigene Darstellung unter Einbezug von Scholz, 2014; Schroth, 2019, S. 6 f.; Rembser, 2019, S. 75 ff.; Maas, 2019, S. 86.

Auf Basis der selbst ermittelten Werte zur emotionalen Belastbarkeit der weiblichen Generation Z scheint es auch hier relevant, die Selbststeuerungskompetenzen als Möglichkeit der bewussten Affektregulation und somit der Gestaltung einer emotionalen Zweitreaktion, vor allem, wenn neue bzw. komplexere Aufgaben zu bewältigen sind (vgl. Kuhl & Kazén, 2003, S. 201; Fröhlich & Kuhl, 2003, S. 236). Die festgestellte geringere Extraversion der männlichen Vertreter, die auf eine weniger nach außen gerichtete Energie und somit eher auf Rückzug hindeutet (in Anlehnung an: Lord, 2011, S. 20) verdeutlicht nochmals die Bedeutung von Kontrollen, Feedbacks und Leistungsstandkontrollen (vgl. hierzu auch Scholz, 2014, S. 204 ff.). Besonders hervorzuheben ist an dieser Stelle, dass sich Ausbildungs- und Traineeprogramme innerhalb der jungen Generation einer großen Beliebtheit erfreuen, da sie ein stufenweises und überschaubares Heranführen an Aufgaben darstellt (vgl. Scholz, 2014, S. 208 f.).

Führungsstrategien. Begeisterung und emotionale Bindung an einen Arbeitgeber entstehen, wenn das im Unternehmen Erlebte die Erwartung des Mitarbeiters übertrifft (vgl. Loffing & Loffing, 2010, S. 18). Generation Z verfügt grundsätzlich über eine höhere Wechselbereitschaft als andere Generationen (vgl. Scholz, 2014, S. 136; Rembser, 2019, S. 82) und ist aufgrund der demografischen Entwicklung weniger unfreiwillig an ein Unternehmen gebunden (vgl. Tab. 5.5; sowie in Anlehnung an: Hurrelmann, 2019, S. 16). Es stellt sich daher die Frage, welche Optionen es gibt, die junge Generation erfolgreich zu führen und im Unternehmen zu halten.

Nach Scholz eignet sich für die Mitarbeiterführung der Gen Z ein transaktionaler Führungsstil. Es stehen klare Vorgaben und Aufgaben im Vordergrund (vgl. Scholz, 2014, S. 215). Bass beschreibt diesen Führungsstil wie folgt: „Transactional leadership refers to the exchange relationship between leader and follower to meet their own self-interests" (vgl. 1999, S. 10). Die Führungskraft nimmt dabei primär die Aufgabe der Erfolgskontrolle wahr und greift ein, wenn die Zielerreichung gefährdet ist oder Probleme auftreten (vgl. ebenda, S. 11). Mit Blick auf kleine und mittlere Unternehmen wird deutlich, dass es den richtigen und einzigen Führungsstil nicht gibt. Vielmehr kommt auf Führungskräfte das balancierte Management generationenübergreifender Diversität zu (in Anlehnung an Scholz, 2014, S. 217). Den Beitrag, den Gen Z hierfür leistet, ist die Forderung nach einer klaren und strukturierten Führung, die dennoch Raum für Beteiligung bietet. Aus den eigenen Ergebnissen ist ableitbar, dass vor allem bei der Führung der weiblichen Generation Z Stress- und Belastungssituationen zu vermeiden sind. Auch Scholz empfiehlt die Übertragung überschaubarer und wenig

Tab. 5.5 Auswirkungen von Erwartung und Erlebnis auf die Zufriedenheit von Mitarbeitern

Verhältnis und zwischen Erwartung und Erlebnis	Intensität der Zufriedenheit	Mögliche Auswirkungen auf den Mitarbeiter/Verhalten	Anzustrebendes Niveau
Erlebnis > > Erwartung	Begeisterung	Emotional ans Unternehmen gebunden, hohes Engagement	mindestens Neutralität und Konformität
Erlebnis > Erwartung	Zufriedenheit	Positiver Multiplikator	
Erlebnis = Erwartung	Neutral/Konformität	Mitläufer	
Erlebnis < Erwartung	Unzufriedenheit	Potenzieller Wechselkandidat	
Erlebnis < < Erwartung	Enttäuschung	Rückzug ggfs. unfreiwillig ans Unternehmen gebunden	

Quelle: vgl. Loffing & Loffing, 2010, S. 18; Pepels, 2004, S. 55 f.; Meyer, 2015, S. 58

komplexer Aufgabeneinheiten, die Sicherheit geben und Überforderung vermeiden (vgl. 2014, S. 217). Schroth weist ebenfalls auf klare Ziele und Vorgaben hin (vgl. 2019, S. 7). Auch sprechen Persönlichkeits- und Selbststeuerungsmerkmale der jungen Generation dafür, dass sie Ausgleichszeiten braucht. Indikatoren für eine eher extrinsisch motivierte Führung lassen sich aus dem geringeren Antrieb der jungen Generation im Hinblick auf eine Zielerreichung sowie der schwächer ausgeprägten Leistungsmotivstärke der weiblichen Vertreterinnen ableiten. Dies deutet darauf hin, dass Generation Z von außen initiierte Impulse braucht. Scholz weist darauf hin, dass die junge Generation auch bei Aufgaben von geringerem Umfang Kontrolle und regelmäßiges Feedback braucht – auch wenn dies für Führungskräfte ein zusätzlicher Zeitaufwand bedeutet (vgl. 2014, S. 218 f.). Insgesamt gilt es, den psychologischen Vertrag zu erfüllen und die Zusammenarbeit möglichst attraktiv zu gestalten. Je besser es Unternehmen gelingt, dieser Anforderung nachzukommen, desto größer ist die Chance, erfolgreich mit Generation Z zusammenzuarbeiten und diese zu halten. Herausforderung dabei ist, dass die Erwartungen neuer Mitarbeiter nicht offensichtlich sind und sich der psychologische Vertrag mitarbeiterindividuell gestaltet. Dies bedeutet, dass sich

Tab. 5.6 Erfüllung des psychologischen Vertrags als Basis für nachhaltigen Erfolg

Merkmale/Ausprägung	Geringe Attraktivität	Hohe Attraktivität	
Hohe Vertragserfüllung	„Psychologischer Vertrag" erfüllt, dennoch unattraktiv = kommunikatives Versagen	„Psychologischer Vertrag" erfüllt, hohe Attraktivität = nachhaltiger Erfolg	
Niedrige Vertragserfüllung	„Psychologischer Vertrag" unerfüllt, geringe Attraktivität = Langfristig fehlende Balance/Neuausrichtung erforderlich	„Psychologischer Vertrag" unerfüllt bei hoher Attraktivität = **hohe Fluktuation** bzw. geringes Engagement	**Präferenz von Gen Z:** Höhere Wechsel- und Kündigungsbereitschaft sowie situative Ermöglichung aufgrund des demografischen

Quelle: vgl. Moroko und Uncles, 2008, S. 169 und 172; Behfar et al., 2006, S. 239 ff.; Meyer, 2015, S. 96; Scholz, 2014, S. 136; Rembser, 2019, S. 82

Führungskräfte die Zeit nehmen sollten, sich mit neuen Mitarbeitern auszutauschen und deren Erwartungshaltung zu verstehen (vgl. Schroth, 2019, S. 7; siehe auch Tab. 5.6).

Dabei stellt Gen Z Führungskräfte vor die besondere Herausforderung, das Unternehmen bereits bei geringeren Unstimmigkeiten zu verlassen (vgl. Scholz, 2014, S. 136 und 220; Rembser, 2019, S. 82).

Checkliste für eine erfolgreiche Mitarbeiterführung

- Führen ohne permanenten Leistungsdruck, dafür mit kontinuierlichem und zur Generation Z passendem Feedback.
- Regelmäßige Leistungskontrolle (anstelle einer großen Leistungsfeststellung), auch als Basis für eine Personalentwicklung und den nächsten Karriereschritt.
- Balance zwischen Fordern und Fördern, sinnvolle Aufgaben mit Lerngehalt

- Fixe, temporäre Aufgabenzulagen anstelle leistungsorientierte Entlohnung
- Eher transaktionale Führung mit klaren Vorgaben/Strukturen und einem sachlichen/vorhersehbaren Charakter sowie situativer zur jeweiligen Generation passender. Führungsstil.
- Glaubwürdige Kommunikation, respektvoller Umgang auf Augenhöhe
- Führen mit überschaubaren Aufgaben (für ein Gefühl von Sicherheit anstelle Angst)
- Trennung von Privatem und Beruflichem, kein Kontakt außerhalb der Arbeitszeit (nur im Notfall).
- Kommunikationsbeschränkung auf wenige ausgewählte Medien, die für eine Reduzierung der Komplexität sorgen/gemeinsame Entwicklung der Kommunikationsstrukturen.
- Schaffen eines positives Betriebs- und Führungsklima, Spaß an der Zusammenarbeit
- Privatsphäre am Arbeitsplatz (bspw. durch eigenen Schreibtisch, anstelle Desk Sharing)
- Flexible Home Office-Lösung, jedoch im zeitlich begrenzten Umfang (bspw. mehrere Tage pro Monat).
- Wochenende als klar definierte Freizeit-Zone ohne Arbeit
- Klare und konstante Arbeitszeiten (bspw. 9 bis 17 Uhr) sowie langfristig absehbare Einsatzpläne, Überstunden sind im Ausnahmefall bei entsprechenden Ausgleichszeiten. möglich (und bei entsprechend frühzeitiger Ankündigung).
- Eher kurzfristigere Einsatzplanung von Gen Z (aufgrund des Kündigungsverhaltens),
- Kurzfristige Rückdelegation von Aufgaben möglich
- Geringere Belastbarkeit, Vermeidung von Überforderung und zu komplexen Aufgaben
- Führungsaufgaben in kleinerem Umfang, da (Führungs-)Verantwortung teilweise abgelehnt wird/Wahl von Fach- und Führungskarriere.

Quelle: Eigene Darstellung unter Einbezug von Scholz, 2014; Schroth, 2019, S. 7; Rembser, 2019, S. 81 ff.; Maas, 2019, S. 88; Stillmann & Stillmann, 2017, S. 155 und 188; Scholz & Grotefend, 2019b, S. 188

Alles in allem, stellt die Generation Z besondere Anforderungen an Unternehmen. Bei einer entsprechend systematischen Betrachtung wird jedoch ersichtlich, dass sich zumindest ein Teil der Herausforderungen bereits durch die generationengerechte Einstellung ausgewählter Stellschrauben meistern lässt und diese Aufgabe auch für kleine und mittlere Unternehmen grundsätzlich zu bewältigen scheint – so sich die Unternehmen den Wünschen und Bedürfnissen der jungen Generation stellen und sich mit ihr beschäftigen. So bietet Gen Z den Unternehmen die Chance, über alt bewährte Verhaltensmuster nachzudenken und diese im Sinne aller zu modernisieren (vgl. Scholz, 2014, S. 248).

Fazit

6

Generation Z tickt anders, was sich auch anhand von Persönlichkeitsmerkmalen und Selbststeuerungskompetenzen nachvollziehen lässt. So konnte genderunabhängig eine nachlassende Gewissenhaftigkeit sowie ein besserer Selbstzugang der jungen Generation Z abgebildet werden. Dabei verfügt Gen Z neben einem besseren Selbstgespür auch über eine ausgeprägtere Fähigkeit, Widersprüchliches mit sich selbst vereinbaren zu können. Genderabhängig ist eine emotionalere, persönlichkeitsbasierte Erstreaktion sowie eine geringere Belastbarkeit der weiblichen Vertreter hervorzuheben, womit die Bedeutung für eine Entwicklung von Selbststeuerungskompetenzen als erlernbare emotionale Zweitreaktion zunimmt – sofern die junge Generation darin einen Nutzen für sich selbst erkennt. Sowohl für Bildungsträger als auch für mittelständische Unternehmen ergeben sich damit spezifische Aufgabenstellungen für die Zusammenarbeit mit der jungen Generation. Im Wesentlichen besteht die Herausforderung darin, eine bestmögliche Passung zwischen der Generation Z und ihrem Arbeits- bzw. Bildungsumfeld herzustellen sowie einen möglichst realistischen Erwartungsabgleich zu ermöglichen – und damit Abbruch- bzw. Kündigungsquoten zu vermeiden. Als selbstbewusste Generation stellt sie gezielt Anforderungen an eine regelmäßige Feedbackkultur, ein positives Führungs- und Betriebsklima sowie an selbstkongruente Aufgaben und Arbeitsbedingungen. Denn mit Blick auf die demografische Lücke ist sie als erste wirklich digitale Generation nicht mehr bereit, sich auf Kompromisse einzulassen, die ihr nicht entsprechen. Dabei wünscht sie sich eine ehrliche und schnelle Kommunikation sowie klar umrissene Aufgabenpakete und Lernsequenzen – also sinnvolle und karrierefördernde Aufgaben bei gleichzeitiger Balance von Forderung und Förderung sowie einer bewussten Trennung von Arbeits- und Privatleben.

Gerade für kleine und mittlere Unternehmen sowie Bildungsträger, die in der Regel nicht auf gender- und generationenabhängige Konzepte setzen (können), ist es wichtig, die Belange beider Geschlechter zu berücksichtigen und mit den Wünschen anderer Generationen bestmöglich zu vereinen. Dabei besteht in der Auseinandersetzung mit den Bedürfnissen der Generation Z die Chance, bislang Bewährtes gezielt infrage zu stellen und zum Wohl für alle Beteiligten zu verändern.

Was Sie aus diesem *essential* mitnehmen können

- Sie haben einen Überblick über wesentliche Instrumente der Persönlichkeits- und Selbststeuerungsdiagnostik
- Sie kennen wesentliche Unterschiede der Generation Z sowie deren Stärken und Schwächen
- Sie verstehen die Zusammenhänge und Relevanz für die betriebswirtschaftliche Praxis
- Sie reflektieren Bestehendes im Umgang mit der jungen Generation und bereiten sich als Bildungsträger und/oder Arbeitgeber auf die weitere Zukunft vor
- Sie verbessern und erweitern Ihre Konzepte als Bildungsträger und/oder der mittelständischen Unternehmenspraxis

Literatur

Aiken, L. R. & Groth-Marnat, G. (2006). *Psychological testing and assessment* (12th ed.). Boston: Allyn and Bacon.

Amelang, M. & Bartussek, D. (2001). *Differentielle Psychologie und Persönlichkeitsforschung*, 5. akt. und erw. Aufl. Stuttgart/Berlin/Köln: Kohlhammer.

Bass, B. M. (1999). Two decades of research and development in transformational leadership. *European Journal of Work and Organizational Psychology, 8* (1), S. 9–32.

Behfar, K., Kern, M. & Brett, J. (2006). Managing challenges in multicultural teams, National Culture and Groups, *Research on Managing Groups and Teams*, Vol. 9, S. 233–262.

Böhm, M. (2016). *Intuitiver Methodeneinsatz in Coaching-Prozessen, Grundlagen und Praxisbeispiele.* Springer: Wiesbaden.

Borkenau, P. & Ostendorf, F. (2008). *NEO-Fünf-Faktoren-Inventar (NEO-FFI)* (2. neu norm. und vollst. überarb. Aufl.). Göttingen: Hogrefe.

Brandstätter, H. (2011). Personality aspects of entrepreneurship: A look at five meta-analyses. *Personality and Individual Differences*, 51 (3), 222–230.

Bundesministerium für Wirtschaft und Technologie (BMWi) (2018). *Wirtschaftsmotor Mittelstand – Zahlen und Fakten deutscher KMU*, S. 1–4.

Caliendo, M., Fossen, F. & Kritikos, A. S. (2014). Personality characteristics and the decisions to become and stay self-employed. *Small Business Economics*, 42 (4), 787–814.

Conrad, W., Müller F. G., Wagener, D. & Wilhelm, O. (1998). Psychologische Beiträge zur Analyse unternehmerischer Potenziale bei angehenden Existenzgründern. Mannheim: Veröffentlichungen des Instituts für Mittelstandsforschung Nr. 36 – Universität Mannheim.

Costa, P.T. & McCrae, R. R. (1985). *The NEO Personality Inventory Manual form S and R.* Odessa: Psychological Assessment Resources.

Deutsches Institut für Erwachsenenbildung e.V. (DIE) (2008). *Ergebnisbericht Projekt Weiterbildungskataster. Kooperationsprojekt des Deutschen Instituts für Erwachsenenbildung in Bonn und des Bundesinstituts für Berufsbildung in Bon (BIBB) in Zusammenarbeit mit dem Institut für Entwicklungsplanung und Strukturforschung an*

© Der/die Herausgeber bzw. der/die Autor(en), exklusiv lizenziert durch Springer Fachmedien Wiesbaden GmbH, ein Teil von Springer Nature 2020
K. Meyer, *Persönlichkeit und Selbststeuerung der Generation Z, essentials*, https://doi.org/10.1007/978-3-658-32603-6

der Universität Hannover (IES), Förderkennzeichen: W131700, online im Internet: https://www.die-bonn.de/doks/dietrich0803.pdf, abgerufen am 30.06.2020.

Eilers, S. (2019). Generation Z in Deutschland. In Scholz, C. & Grotefend, L.-D. (2019a). *Generation Z im Vier-Länder-Vergleich. Ein empirischer Vergleich von Deutschland, Niederlanden, Österreich und der Schweiz.* Augsburg/München: Rainer Hampp Verlag, S. 57–118.

Eysenck, H. J. (1970). *The Structure of Human Personality.* London: Methuen.

Eysenck, H. J. (1990). Biological dimensions of personality. In Pervin, L. (Hrsg.), *Handbook of Personality Theory and Research,* S. 244–276. New York: Guilford Press.

Europäische Kommission (2003). *Empfehlung der Kommission vom 6.5.2003 betreffend die Definition der Kleinstunternehmen sowie der kleinen und mittleren Unternehmen,* Amtsblatt der Europäischen Union Nr. L. 124 vom 20.06.2013, S. 36–41.

Fröhlich, S. & Kuhl, J. (2003). Das Selbststeuerungsinventar: Dekomponierung volitionaler Funktionen. In J. Stiensmeier-Pelster & F. Rheinberg (Hrsg.), *Diagnostik von Motivation und Selbstkonzept, Test und Trends, neue Folge* (Bd. 2., S. 221–257). Göttingen: Hogrefe.

Griese, C. & Marburger, H. (2011). *Bildungsmanagement, Ein Lehrbuch.* Oldenburg: De Gruyter.

Heinemann, D. (2008). *Lernen im Turnaround von KMU.* Frankfurt: 2008.

Hesse, G.; Mayer, K.; Rose & N.; Fellinger, C. (2019). Herausforderungen für das Employer Branding und deren Kompetenzen. In Hesse, G. & Mattmüller, R. (Hrsg.), *Perspektivwechsel im Employer Branding. Neue Ansätze für die Generationen Y und Z,* 2. Auflage, S. 53–104. Wiesbaden: Springer Gabler.

Hurrelmann, K. (2019). Generation Z: Wie wächst sie auf und wie tickt sie? In Kring, W. & Hurrelmann, K., *Die Generation Z erfolgreich gewinnen, führen, binden.* Herne: NWB Verlag, S. 13–22.

John, O. & Srivastava, S. (1999). The Big Five trait taxonomy: History, measurement and theoretical perspectives. In L. Pervin & O. John (Eds.), *Handbook of personality: Theory and research* (S. 102–139). New York: Guilford Press.

Kammermeier M. (2011). *Das Modell der „Logischen Ebenen" – Akzeptanz für Veränderungen schaffen.* Projekt Magazin, Nr. 15, S. 1–10.

King, A. S. (1985). Self analysis and assessment of entrepreneurial potential. *Simulation & Games,* 16 (4), S. 399–416.

Kirschbaum, G. (1985). Wirtschaftliche Revitalisierung. Regionalwirtschaftliche Aspekte der Gründungsforschung. In Nathusius, K.; Klandt, H. & Kirschbaum, G. (Hrsg.), Unternehmensgründung, Konfrontation von Forschung und Praxis, Festschrift gewidmet Herrn Prof. Dr. Norbert Szyperski aus Anlass des 10järigen Bestehens der Projektgruppe Gründungsforschung am Planungsseminar der Universität zu Köln.

Kazén, M. (o.J.). *Normwerte zum SSI-K3 und HAKEMP-90.*

Kovaleva, A., Beierlein, C., Kemper, C. J. & Rammstedt, B. (2013). Psychometric properties of the BFI-K: A cross validation study. *The International Journal of Educational and Psychological Assessment,* 13 (1), S. 34–50.

Kuhl, J. (2001). *Motivation und Persönlichkeit: Interaktionen psychischer Systeme.* Göttingen: Hogrefe.

Kuhl, J. & Alsleben, P. (2009). *Manual für die Trainingsbegleitende Osnabrücker Persönlichkeitsdiagnostik TOP*, Institut für Motivations- und Persönlichkeitsentwicklung. IMPART (Hrsg.). München: sonderpunkt.

Kuhl, J. & Fuhrmann, A. (2004). *Selbststeuerungs-Inventar, SSI-K3 (Kurzversion)*. Universität Osnabrück.

Kuhl, J. & Kazén, M. (2003). Handlungs- und Lageorientierung: Wie lernt man, seine Gefühle zu steuern. In J. Stiensmeier-Pelster & F. Rheinberg (Eds.), *Diagnostik von Motivation und Selbstkonzept, Tests und Trends, Jahrbuch der pädagogisch-psychologischen Diagnostik* (Bd. 2, S. 201–219). Göttingen: Hogrefe.

Kuhl, J. & Strehlau, A. (2014). *Handlungspsychologische Grundlagen des Coaching, Anwendung der Theorie der Persönlichkeits-System-Interaktionen (PSI)*. Wiesbaden: Springer VS.

Leutner, F., Ahmetoglu, G., Akhtar, G. & Chamorro-Premuszic, T. (2014). The relationship between the entrepreneurial personality and the Big Five personality traits. *Personality and Individual differences*, 63, S. 58–63.

Loffing D. & Loffing, C. (2010). *Mitarbeiterbindung ist erlernbar, Praxiswissen für Führungskräfte in Gesundheitsfachberufen*. Heidelberg: Springer.

Lord, W. (2011). *Das NEO-Persönlichkeitsinventar in der berufsbezogenen Anwendung, Interpretation und Feedback*. Göttingen: Hogrefe.

Maas, R. (2019). *Generation Z für Personaler, Führungskräfte und jeden der die Jungen verstehen muss. Ergebnisse der Generation-Thinking-Studie*. München: Carl Hanser.

Martens, J. U. & Kuhl, J. (2013). *Die Kunst der Selbstmotivierung, Neue Erkenntnisse der Motivationsforschung praktisch nutzen*, 5. überarb. Aufl. Stuttgart: Kohlhammer.

Meyer, K. (2015). *Die Führung globaler Teams*. Saarbrücken: Akademiker-Verlag.

Meyer, K. (2019). *Persönlichkeitsmerkmale, Selbststeuerung und Schlüsselkompetenzen erfolgreicher Unternehmerinnen. Eine empirische Studie mit erziehungswissenschaftlichen Implikationen*. Dissertation: Friedrich-Schiller-Universität Jena.

Meyer, K. (2020). Die weibliche Gen Z – (K)eine Generation von Unternehmerinnen? Ein Vergleich der jungen Generation mit dem Profil erfolgreicher Unternehmerinnen. IUBH Discussion Paper Business& *Management*, No. 9.2020.

Miller, J. (2018). 10 things you need to know about GEN Z, *HR magazine*, November/December 2018, S. 51–56.

Mollenhauer, K. (1964). *Einführung in die Sozialpädagogik*. Weinheim: Juventa.

Moroko, L. & Uncles, M. D. (2008). *Characteristics of successful employer brands*, Brand Management, 16, 3, S. 160–175.

Müller, G. F. (o.J.). *Zur Entwicklung des F-DUP*. Online im Internet: https://testcenter.inn ovate.de/index.pl/f-dup-testinfo (Abruf am 01.07.2020).

Müller, G. F. (2010). *Unternehmerische Eignung – Impuls- und Erfolgsfaktor für eine erfolgreiche unternehmerische berufliche Selbstständigkeit*. In Berufsverband Deutscher Psychologinnen und Psychologen e.V. (Hrsg.), Psychologische Expertise für erfolgreiches Unternehmertum in Deutschland (S. 66–71). Berlin: BDP-Verband.

Müller, G. F. (2014). *Fragebogen zur Diagnose unternehmerischer Potenziale (F-DUPN)*. Überarbeitetes Testmanual.Universität Koblenz-Landau, Campus Landau: Fachbereich Psychologie, Psychologie des Arbeits- und Sozialverhaltens.

Müller, G. F. (2017). *Kurzbeschreibung von Eignungsmerkmalen und Rückmeldung des Testergebnisses*. Universität Landau.

Odiorne, G. (1984). *Strategic Management of Human Resources*, San Francisco: Jossey-Bass.

Panwar, S. & Mehta, A. (2018). Fostering Leadership in Generation Z: Onus on Whom? The IUP Journal of Soft Skills, XIII (3), S. 65–70.

Pepels, W. (2004). Personalzufriedenheit und Zufriedenheitsmessung. In R. Bröckermann & W. Pepels (Hrsg.), *Personalbindung – Wettbewerbsvorteile durch strategisches Human Resource Management*. Berlin: Erich Schmidt Verlag.

Pott, O. & Pott, A. (2012). *Entrepreneurship, Unternehmensgründung, unternehmerisches Handeln und rechtliche Aspekte*. Heidelberg: Springer.

Raab, G., Unger, A. & Unger, F. (2016). *Marktpsychologie: Grundlagen und Anwendung*, 4. Aufl. Wiesbaden: Springer Gabler.

Rammstedt, B. & John, O. P. (2005). *Short version of the Big Five Inventory (BFI-K): Development and validation of an economic inventory for assessment of the five factors of personality*. Diagnostica, 51, S. 195–206.

Rammstedt, B., Kemper, J., Klein, M. C., Beierlein, C. & Kovaleva, A. (2013). Eine kurze Skala zur Messung der fünf Dimensionen der Persönlichkeit, 10 Item Big Five Inventory, BFI-10. *methoden, daten, analysen*, 7 (2), 233–249.

Rauch, A. & Frese, M. (2007). Let´s put the person back into entrepreneurship research: A meta-analysis on the relationship between business owner´s personality traits, business creation, and success. *European Journal of Work and Organizational Psychology*, 16 (4), S. 353–385.

Rembser, M. (2019). Wie kann die Generation Z geführt und gebunden werden? In Kring, W. & Hurrelmann, K., *Die Generation Z erfolgreich gewinnen, führen, binden*. Herne: NWB Verlag, S. 75–88.

Scholz, C. (2014). *Die Generation Z. Wie sie tickt, was sie verändert und warum sie uns alle ansteckt*. Weinheim: Wiley-VCH.

Scholz, C. & Grotefend, L.-D. (2019a). *Generation Z im Vier-Länder-Vergleich. Ein empirischer Vergleich von Deutschland, Niederlanden, Österreich und der Schweiz*. Augsburg/München: Rainer Hampp Verlag.

Scholz, C. & Grotefend, L.-D. (2019b). Generation Z in German: The (Un)Typical German? In Scholz, C. und Rennig, A, *Generations Z in Europe: Inputs, insights and implications*. Bingeley: Emerald Publishing Ltd.

Schroth, H. (2019). Are You Ready for Gen Z in the Workplace? *California Management Review*, 61 (3), S. 5–18.

Seeber, S. (2000). Stand und Perspektiven von Bildungscontrolling. In S. Seeber, E. M. Krekel & J. v. Buer (Hrsg.), *Bildungscontrolling: Ansätze und Diskussionen zur Effizienzsteigerung von Bildungsarbeit* (S. 19–50). Frankfurt: Lang.

Statista (2020a). *Altersstruktur der Bevölkerung in Deutschland 2018*, https://de.statista.com/statistik/daten/studie/1351/umfrage/altersstruktur-der-bevoelkerung-deutschlands/, abgerufen am 01.06.2020.

Statista (2020b). *Anzahl der Erwerbstätigen mit Wohnort in Deutschland (Inländerkonzept) von Februar 2019 bis Februar 2020*, https://de.statista.com/statistik/daten/studie/74428/umfrage/anzahl-der-erwerbstaetigen-mit-wohnort-in-deutschland/, abgerufen am 13.4.2020.

Stillmann, D. & Stillmann, J. (2017). *Gen Z@Work. How the next generation is transforming the workplace*. New York: Harper Collins Publishers.

Wartberg, L., Kriston, L., Kegel, K. & Thomasius, R. (2016). Adaption and Psychometric Evaluation of the young diagnostic questionnaire (YDQ) for parental assessment of adolescent problematic internet use. *Journal of Behavioral Addictions*, 5 (2), S. 311–317.

Zhao, H. & Seibert, S. E. (2006). The Big Five personality dimensions and entrepreneurial status: A meta-analytical review. *Journal of Applied Psychology*, 91 (2), S. 259–271.

Zimbardo, P. G. & Gerrig, R. J. (2008). *Psychologie* (18. akt. Aufl.). Heidelberg/Berlin/New York: Pearson.

Zumholz, H. (2002). *Wege in die Selbstständigkeit, Die Gründungsaktivität als Resultat eines individuellen Entwicklungsprozesses.* Wiesbaden: Deutscher Universitäts-Verlag.

Printed in the United States
By Bookmasters